トーマス・ラウ＋
サビーン・オーバーフーバー 著
野田由美子 監訳

マテリアル循環革命

サーキュラーエコノミーが拓くビジネスと社会の未来

MATERIAL MATTERS

彰国社

Original Title
MATERIAL MATTERS
DEVELOPING BUSINESS FOR A CIRCULAR ECONOMY
By Thomas Rau and Sabine Oberhuber

私たちの子どもたち、ダミアン、ネイサン、レティシア、
そして私たちの両親、マグダレーナと(故)ウルリッヒ、
ステファニーとウィルヘルムに感謝を込めて。

監訳者序文

マテリアルの循環革命

野田由美子
ヴェオリア・ジャパン合同会社
代表取締役会長

革命が始まっている。革命はいつも静かに始まる。

革命の主人公は、私たちの営みに欠かせない建物の構成物である素材（マテリアル）である。建物は脇役だ。それは、地球の貴重な資源であるマテリアルを一時的に保管する「貯蔵庫」にほかならない。主人公である素材にはそれぞれアイデンティティがある。私たちが戸籍を持つように、それぞれの素材の情報も、登記簿に（デジタルで）記録される。そしてそれぞれの素材はパスポートを持ち、建物から建物へと長い歳月を経て旅をする。建物を支えて貯蔵され、建物が解体されたのちには、新しい旅に出て次の建物を支える。
すべての素材には価値がある。その価値は、登録されたデータをもとに市場で評価される。その結果、私たちが目にしている建物は、単なる素材の「貯蔵庫」であるだけでなく、価値ある素材を預かる「素材銀行」へと役割を変える。
さらに素材は、権利（素材権）を要求する。地球上に存在する有限な素材には、保護される権利がある。なぜなら、私たち人間は、この地球に一時的に滞在する「ゲスト」にすぎず、素材を所有するのではなく一時的に借り受けるにすぎないからだ。私たちゲストには、素材が未来世代によって使い続けられるよう、素材が永遠に旅を続けられるよう、素材を保全する責任がある。

この革命が、私たちに突きつけるものは何だろう。

それは、私たちが慣れ親しんできた経済システムの大転換にほかならない。資源が使用されたのちに廃棄され価値を失う「直線型の経済システム（リニアエコノミー）」から、再使用され続け半永続的に循環するなかで価値を保全する「循環型経済システム（サーキュラーエコノミー）」へのコペルニクス的転回だ。

この大転換を象徴するのが、「マテリアル・アズ・ア・サービス」という概念である。素材は、地球が提供するコモンズ（共有資源）であり、鉱山採掘事業者も、部品・製品メーカーも、消費者も、マテリアルを所有するのではなく、一時的に「借り受け」るにすぎず、素材が提供するサービスに対価を支払うだけである。使用が終われば、素材は旅を続ける。

静かな革命を動かしているのは、オランダのトーマス・ラウ氏とそのパートナーであるサビーン・オーバーフーバー氏だ。トーマスは、建築家であり、革新者であり、思想家でもある。サビーンは、ビジネス戦略と変革の専門家だ。彼らは循環型経済のビジョンを提示するだけでなく、行動に移し、社会実装を先導してきた。オランダ・フィリップス社で採用され一躍有名となった「プロダクト・アズ・ア・サービス」というビジネスモデルや「マテリアル・パスポート」といった画期的な手法の創始者なのである。しかし、それらも序章にすぎない。彼らの眼差しは、はるか先——経済が人間の営みと統合され、人間と地球が調和する未来——へと向けられている。

革命はいつも容易には受け入れられない。しかし、この本を読んでいただければ、読者のみなさんも、その革命が持つ可能性にきっと魅了されるだろう。同時に、先見性の裏にある、両名の人間社会と地球への愛情を感じていただければ、二人を敬愛する友人として光栄である。

日本語版序文

マーク・カウパース
2025年大阪・関西万博陳列区域
オランダ政府代表

オランダが2025年大阪・関西万博のパビリオンを創造するにあたり、私たちは単に目を引く建築物ではなく、わが国を象徴するような建築物の実現を目指しました。日本の人々の関心を集め、世界課題の解決に向けた革新的ソリューションを提示し、最新のデジタル技術を駆使したものです。同様に重要だったのは、パビリオンが循環型アプローチで設計され、運用・維持され、解体されることでした。つまり、非常に高度な仕事を要求していたのです。私たちは多くの設計提案を検討しましたが、最終的に選考を勝ち抜いたのは、RAUアーキテクツとそのパートナー企業によるデザインでした。

トーマス・ラウ氏と初めて会った時、単に建築家に出会ったのではないと直感しました。建築に関する革新的なビジョンを持つ人物、いわば哲学者というべき人物を見出したのです。トーマスと彼の同僚たちは、建物を素材の一時的な保管場所と捉えています。素材のアイデンティティと所在地を適切に管理すれば、素材は再利用され、その価値を無期限に保持できるというのです。そのビジョンに沿って構想されたオランダパビリオンは、ただの建築物ではありません。「貯蔵庫」としてのパビリオンにあるすべての素材は、万博が終わった後、新たな用途と目的地を与えられるのです。

建築における循環型アプローチの必要性はかつてないほど高まっています。気候変動により、人類は地球が閉鎖型システムであるということを受け入れざるを得なくなっています。破壊されたものは二度と戻ってきません。その認識があれば、私たちの物に対する態度は一変し、然るべき配慮を持って扱うようになるはずです。オランダは、2025年大阪・関西万博への参加を通じて、RAUアーキテクツの野心的な構想を全面的に支持しています。それは、万博終了後、われわれのパビリオンに日本国内外で第二の人生を与えるという構想です。

解体して再利用できるように設計するという一見シンプルなコンセプトは、私たちの経済全体にも当てはまるはずです。私たちが本当に地球のことを考え、子どもや孫のためにより安全で健やかな世界に貢献したいのであれば、消費者は物の所有者ではなくむしろ利用者であり、廃棄物という概念は過去のものとなるような経済モデルに移行する必要があります。では、それをどう実践すればいいのでしょうか？　それを経済学者のサビーン・オーバーフーバー氏が説いてくれます。『マテリアル循環革命』の大部分は、サビーンとトーマスが15年の歳月をかけて築き上げた哲学の集大成であり、読者に実践的な事例やアイデアを紹介するものです。私たちは、２０２５年日本国際博覧会という世界的な舞台で循環型経済の概念を共有することに力を入れています。なぜならば、循環型経済は、世界的な課題をいかにともに解決するかをめぐる、オランダのビジョンの革新的要素だからです。

私は、サビーンとトーマスの開拓者的な歩みにほんの一部でも携われたことを誇りに思います。彼らのビジョンは世界中のＲＡＵアーキテクツによる建物で実現され、２０２５年には日本で初めて万博のオランダパビリオンで具現化されます。あなたが手にしているこの本が、最終的に日本の政府関係者、ビジネスリーダー、そして一般の方々の手に届くことを願っています。間違いなく、みなさんが自ら行動を起こすきっかけになると信じています。今日の世界が直面している課題の大きさを考えると、国家間の協力が不可欠です。確信してください。私たちオランダは、日本のみなさんと協力する準備が整っています。その意思と能力も備えています。２０２５年万博の開幕前も、開催中も、そして閉幕後もずっと。

目次

序文

デイム・エレン・マッカーサー

エレン・マッカーサー財団創設者

この本の著者であるサビーン・オーバーフーバーとトーマス・ラウは、私が循環型経済に取り組み始めた当初から、私を導いてくれました。彼らは、私たちが2012年のダボス会議において、循環型経済を経済面およびビジネス面から解説した初めての報告書『Towards the Circular Economy（循環型経済に向けて）』を発表した場に立ち会っていました。このテーマに関する彼らの最初のプロジェクトは時代をはるかに先取りしており、そのアイデアを実現する能力は、彼らが循環型経済の原則とその実践法をいかによく理解しているかを表しています。直線型システムから循環型システムへの移行においてますます重要になるのは、この循環型経済の実践的な応用です。それこそが、本書をタイムリーで重要なものにしています。

本書では、サビーンとトーマスが、素材所有のパラダイムと「Take（取って）、Make（作って）、Waste（捨てる）」ビジネスモデルを変える必要性を論じるだけでなく、循環型経済が実際に実現可能であることを示すために、彼らの数々の成功したアイデアや取り組みの本質を紹介しています。抜きんでた一例として、建物をマテリアルバンク（素材銀行）としてとらえ、素材が建物から解体され別の場所で再利用されるまでのあいだ、それらを一時的に保管し、その価値を維持するという考え方を説いています。

マテリアル・パスポートと登録システムに素材のアイデンティティや所在地を記録することで、素材は常に回収され、経済活動のなかで循環し続けることができるのです。このような建設や素材管理の新しい考え方には、廃棄物の削減から資源採掘の削減まで、多くのメリットがあり、結果として、気候変動の緩和や生物多様性の損失の抑制に貢献できるのです。

このような考え方や、ＲＡＵアーキテクツとTurntoo《ターントゥ》を通じて実行されたプロジェクトを共有することによって、循環型経済への道を歩んでいる人々はインスピレーションを受け、同じ行動をとるようにうながされるでしょう。直線型経済から循環型経済への移行が加速することは間違いありません。もし、あなたが循環型経済に関するケーススタディを集めたライブラリーに出くわしたら、そこに必ずやTurntooやＲＡＵアーキテクツの事例を見つけるはずだと言っても過言ではないでしょう。

本書は、循環型経済の実現に重要な役割を果たし、現在も活躍中の二人の目を通して見た、わかりやすく実践的な循環型経済のビジョンを提供する一冊です。本書をもって、サビーンとトーマスは読者を彼らの思想の世界に引き込むことに成功したと確信しています。「素材（マテリアル）は重要である（マターズ）」だけでなく、貴重で不可欠なものであり、本書の最後に提案されているように、素材には「世界素材権宣言」を捧げる価値がある、という彼らの世界に。

イントロダクション

「物理的に限界がある惑星で指数関数的な経済成長を信じているのは、狂人かエコノミストのどちらかだ」

――ケネス・E・ボールディング（英国出身の米国の経済学者、1910－1993年）

私たちは、大きな変化が急速に進む時代に生きています。当たり前だと思っていた確信が崩れたり、以前はありえないと思っていたことを新しい現実として突如受け入れざるを得なくなることが、日常となっています。これを書いたのは、本書が初めて出版された2016年でしたが、それ以来、変化のペースは気が遠くなるほど加速しています。ヨーロッパでは戦争が起き、ウイルスのせいで世界経済が停止し、歴史ある民主主義が脅威にさらされるのを、リアルタイムなメディアで目の当たりにしています。一方で、異常気象はますますニューノーマル（新常態）になりつつあります。しかし、これらすべては本当に驚くべきことなのでしょうか。それとも、私たちは単に根本的な原因を見落とし、前兆を無視してきただけなのでしょうか。

何年もの間、グローバル社会には差し迫った問題がありながら、私たちはそれを組織的に否定し、それによって生じた結果が目の前に迫らない限り、生ぬるい態度をとってきました。緊急を要する問題が日々のニュースに取り上げられるほど話題になって初めて、重い腰を上げるのですが、それでは適切な解決法を見出すには間に合わないことが多いのです。コロナウイルスによるパンデミックが、全世界が絡み合う経済と社会の相互依存性と脆弱性を私たちに痛感させる強い警鐘となったことは、言うまでもありません。

ますます深刻化する緊急問題は、環境危機です。時に台風や洪水というかたちで映し出されるものの、すぐに目まぐるしいメディア社会の背後に埋もれ消えていきます。そして、政府、企業、社会はこの危機に対する解決策を見つけようと徐々に動き出してはいますが、実際に取られた対策はまだあまりにも少なく、時間がかかっているのが現状です。ですが、まだ手遅れではないかもしれません。この危機は、損得勘定が唯一の意思決定の基準となっている経済システムが引き起こすものです。それどころか、私たちの文化は偏った経済的思考に染まっており、このあくまでも定量的な世界観が、問題を無視することを正当化しているように思えます。

つまり、地球規模の重大な問題は、資源を採掘し、使用し、そして廃棄するという、直線的に構造化された経済システムが作り出したものなのです。「Take（取って）、Make（作って）、Waste（捨てる）」。その結果、莫大な資源が浪費されるだけでなく、生態系も失われ、気候危機がもたらされます。地球は閉ざされたシステムであり、ここでの私たちの滞在は一時的なものです。それにもかかわらず、私たちは、地球での滞在を可能にしているすべての資源を、責任あるゲストとして意識的に扱うことを怠り、私たち自身とこの地球上のほかの多くの生物の生存を、危険にさらすシステムを作り上げてしまったのです。

前世紀以来、私たちは継続的かつ急速な成長を目指す経済システムを採用してきました。私たちの繁栄が依存しているこのシステムを維持するためには、より多くの製品を消費し続けなければなりません。そこで問題を製品にすり替えたのです。技術的に可能な製品寿命を人為的に短くし、いわゆる技術革新により高スピードで製品を「陳腐化」させ、常に変化するファッション・トレンドによって毎シーズン新しいものを買うように仕向ける、というように。

小さな改善ではこのシステムを修復することはできません。経済を根本的に再構築することでそれが可能となります。私たち自身について言えば、この認識が1992年のRAUアーキテクツの設立につながり、年月を経て、サステナブル建築の分野における先駆者的存在の一つへと成長し、常に持続可能な設計と建設とは何かに挑戦してきましたが、次第に、私たちが遭遇する疑問に対する答えを見出そうとするとき、ある次元の何かが欠けていることに気づくようになりました。住みやすい地球を維持するには、エネルギーを生み出し快適で耐久性のある建物だけでは不十分だということです。これが、私たちが2010年に「Turntoo《ターントゥ》」を立ち上げた理由です。Turntooは、循環型経済への移行と、貴重な資源を無駄にしないビジネスモデルの模索のために設立された、世界最初の組織の一つです。

私たちは、フィリップスやボッシュといった大企業とともに、これらのモデルを開発しました。この取り組みから得た重要なヒントは、素材が廃棄物になることを防ぐためには、素材のアイデンティティを把握する必要があるという事実です。そこで2017年に「マダスター（Madaster）」を設立しました。これは、地球の限りある地表を記録する土地登記簿（Kadaster）に着想を得たものです。地球の有限な素材資源を素材登記簿に登録し、建造物の「マテリアル・パスポート」を作成・保管するデジタル・オンラインプラットフォームで、すでに8カ国で活動しています。

何年もの道のりにおいて、循環型経済への移行がやはり重要な一歩であると確信する一方で、既存のシステムを根本的に変革するためには、さらなるステップが必要であることを認識しました。私たちが思い描く変革は、最終的には、本書で「Turntoo モデル」と呼ぶ一連の要素からなる実現可能な経済システムへとつながります。『マテリアル循環革命』では、この変革のための新たな視点の概要を提示しています。

まず第一に、所有には責任がともなうことを認識しなければなりません。今日、私たちは、長期的に責任を負えないあらゆる種類のものを所有せざるを得ない状況に置かれています。たとえば、本書の執筆に使っているノートパソコンが私の要求を満たさなくなったとき、その所有権を責任ある方法で取り扱うことは、私にとっては手に負えないことです。私たちは、製品に使用されているすべての資源や素材を、再利用することはおろか、大切に扱うこともできません。それどころか、私たちはほとんどの場合、どんな資源や素材が関係しているのか、その特性は何なのかさえ知りません。そのため、所有する資産が私たちの要求を満たさなくなったとき、責任を持ってそれを処理することなど、決してできないのです。

このジレンマの解決は、所有というものを別の角度から見ることによってのみ可能となります。製品を使用するために、その製品を所有する必要のない仕組みを作る。これが、素材を消費せず、ただ使用することを実現する唯一の方法です。

したがって、生産者がその製品に責任を持ち続けるよう、生産者の権力と責任が切り離されないモデルに移行しなければなりません。貴重な資源がもはや廃棄物となることなく、経済システムのなかで永遠に循環するモデル。そのためには、新しい収益モデルとマテリアル・パスポートによる素材の所在地の一貫した登録システムが必要です。結局のところ、廃棄物とは、アイデンティティを持たない素材の集合体にすぎないのです。しかし、それだけではありません。私たちがほとんどの製品（ひいては資源）を短期間しか使用していないという事実を真に認識したとき、突き詰めれば、これは資源を利用する生産者にも当てはまることに思い至ります。したがって、資源そのものの所有権をどこに置くべきかを自問しなければなりません。そうしなければ、生産者の責任も長期的には過大になります。

したがって、「鉱山」から消費者までの生産チェーン全体を通じて、所有がどれほど機能的であるか不可欠であるかを、再定義する必要性が生まれます。Turntooモデルでは、この考え方の帰結として、製品だけでなく素材もサービスとして販売可能になると捉えます。このモデルによって、現在の価値創造の連鎖に価値保存の連鎖が加わり、経済システム全体に劇的な変化をもたらすでしょう。

しかし、経済を変えるには、まず経済が私たちの意識とそこに組み込まれた世界観の反映であることに気づかなければなりません。16世紀以来、地球が太陽のまわりを回っていること、そして地球が無限に広がる宇宙のなかの多くの惑星の一つでしかないことを知っているにもかかわらず、私たちは今だに人間が宇宙の中心であるかのように振る舞っています。すべてが私たちの利益に従属するかのように。この人間中心主義的な世界観が、現在の危機をもたらした前述の直線型経済システムの文化的基盤となっています。この危機から抜け出すためには、経済のルールを変えるだけでなく、何よりも経済と社会の根源的なものを変えることが重要です。それゆえ、本書に『マテリアル循環革命』という題名をつけたのです。マテリアル（素材）が肝心であるだけでなく、そのテーマと連動して、今実行しなければならない根本的な問題がほかにもたくさんあることを自覚しなければなりません。結局のところ、私たちはこの地球のゲストにすぎないのですから。

経済システムの大きな変革に向けたアイデアが、ますます社会的関心を集めていることは良い傾向です。さまざまな政府、公共機関、ビジネス界で活躍する人々が、その変革の緊急性を認識し始めています。今日、循環型経済という言葉が世界中で耳にされるようになり、それに向けた移行に取り組む企業やイニシアチブが日々現れています。

もちろん、この大きな流れにおいて、何十年も変革を推し進めてきた先駆者もいます。幸いにも私たちの「探求の旅」の途中に、彼らの多くに個人的に会うことができました。私たちみんなをつなぐものは、ビクトル・ユーゴー（フランスの作家、1802－1885年）の言葉に集約されます。「時宜を得たアイデアほど強いものはない」。

「経済繁栄の鍵は、不満が生まれるよう仕組むことである」

――チャールズ・ケタリング（ゼネラルモーターズ元CEO）

第1章

問題が仕組まれた製品

スマートフォンはたった2年で最新ではなくなり、
プリンターは一定の印刷枚数で寿命が尽き、
去年の靴は今年履くとかっこ悪い。昔からそうだったのか？
そして、私たちの不満は経済とどう関係しているのか？

2011年6月27日、誕生日を祝うために500人ほどの人々が米国カリフォルニア州リバモアに集まりました。歌を歌い、乾杯し、ケーキとアイスクリームが振る舞われ、最後にこの日のために書かれた詩が朗読されました。すべては110歳を迎えた方のために。この誕生会の主役は誰だったのでしょうか？　それは、白熱電球です。

この電球は、1901年にリバモアの消防署で使われ始め、以来、ほとんど絶えることなく点灯し続けています。2度の移転、数度の地震を乗り越え、1972年には世界で最も寿命の長い電球としてギネスブックに登録されました。2001年の100周年記念式典では、かのジョージ・W・ブッシュ大統領がこの電球をアメリカの創意工夫の象徴と称し、祝辞を述べました。それ以来、この電球はウェブカメラで24時間モニタリングされました。100万時間以上点灯しているあいだに、ウェブカメラはすでに3回交換されました。リバモアでの次の記念式典は、最初の電球が使用されてから125年後の2026年に予定されています。そして、めでたくも忠実に点灯する電球の輝きのなかでのお祝いとなることでしょう[1]。

すべての消費財が1901年に作られた電球のように長持ちしないのはなぜでしょうか？　私たちの高度な知識と技術にもかかわらず、製品の寿命がどんどん短くなっているのはどういうことなのでしょうか？　一方では壊れる周期が単にどんどん早くなり、他方では私たちはまだ十分に使える製品を定期的に手放しています。

私たちはどのようにして、こんな状況に行き着いてしまったのでしょうか？

そして光があった

1879年に白熱電球が発明され、人々がロウソクや石油ランプに頼っていた時代に終止符が打たれました。設計はトーマス・アルバ・エジソンによるものとされていますが、彼は実際の発明者ではなく、作製工程を完成させ、生産に移した人物です。ゼネラル・エレクトリックの創設者であるエジソンは、ニューヨークの辣腕実業家で、発明品を買い占めて特許を申請することで財を成しました。ニューヨークの人々に電灯の仕組みを見せたとき、彼は歴史に残る発言をしました。「金持ちだけがロウソクを灯すというぐらい、電気を安価なものにするつもりだ」。

毎晩暗くなるし、ロウソクや石油ランプはすぐに燃え尽きるし、健康に悪いし、火事の心配もある。エジソンはこの問題に対し明らかな解決法を提供したのです。それが白熱電球でした。その瞬間に、広範な販売市場がおのずと出来上がったのです。その点では、エジソンの収益モデルは単純でした。

しかし、その大成功の結果、すぐに多くのメーカーが電灯市場に参入し、電球の品質はさらに向上していきました。1881年に設計された電球の点灯時間は1500時間でしたが、1924年には平均的な電球は数千時間の寿命を持つようになります。メーカーはこれを憂慮しました。それも当然のこと、このままでは、すぐに新しい電球は必要なくなってしまうからです。

白熱電球は、技術の進歩によって単純に生じたこの収益モデルの複雑さを明らかにしました。問題をあまりにうまく解決しすぎると、最終的には新たな製品も、ひいてはメーカー自身も不要になってしまいます。製品の品質が高ければ販売市場がすぐに飽和してしまうのに、どうやってビジネスを継続できるのか？　そのジレンマに対する解決策は、まだありませんでした。

ドイツの哲学者ヘルベルト・マルクーゼは、『一次元的人間』（1964年）のなかで次のように書いています。「高度産業社会は、さらなる進歩のためには、進歩の進行方向と仕組みの根本的な逆転を必要とする段階に近づいている」。技術の進歩はときとして、物事のやり方、たとえば長年うまくいっていた収益モデルなどを、突然見直す必要を生じさせます。そうしなければ、技術の進歩自体が大きな社会問題を引き起こし、最終的には技術の進歩そのものを阻害することになりかねません。

かつて人間の労働力を必要とした、生産工程の自動化を考えてみましょう。それは、まぎれもなく技術進歩の証ですが、一人ひとりが労働力を売ることで生活の糧を得ることに依存するシステムのなかでは、これもまた大きな社会問題となります。そして、労働の自動化によって人口のかなりの部分が購買力を失ったらどうなるでしょうか。生産の原動力、つまりは技術進歩の原動力もある時点で止まってしまいます。このような岐路に立ったとき、進行方向についてさまざまな選択肢があります。たとえば、可能なイノベーションを差し控えるなどして技術進歩を意図的に抑制することもできるし、あるいは進歩の仕組みを再設計することもできます。電球メーカーが最終的に自分たちに有利なように選択した問題解決方法は、経済史における重要な転機であり、また致命的な結果をもたらす発展の始まりだったと見ることができます。

寿命1000時間委員会

前述のようなジレンマに対し、米国のゼネラル・エレクトリック、ドイツのオスラム、フランスのラ・コンパニ・デ・ラーンプス、オランダのフィリップスを含む主要な白熱電球メーカーは、彼らが抱える問題を終結すべく、1924年12月23日にジュネーブで秘密裏にカルテルを結成しました[2]。以後、そのポイボス・カルテル（ギリシャ神話の太陽神ポイボス・アポローンにちなんで命名）は、白熱電球の寿命を1000時間に制限することを決定したのです。

「寿命1000時間委員会」という名の特別委員会が、この協定が世界中で遵守されるよう監視しました。すべての白熱電球が研究所で検査され、点灯時間がカルテルによって設定された基準を超えると、2000時間を超える場合は1000個あたり50スイスフラン、2500時間を超える場合は100スイスフランの罰金が科せられました[3]。フィリップスが1928年に発表した論文では、経済的メリットが明確に数値化されています。「点灯時間が10時間増えるごとに、世界の市場割当ての1％が失われることになり、商業的な観点からは、1000時間の点灯時間をできるだけ超えないことが非常に重要である。製造に注意すれば、1000時間きっかりの平均寿命を達成することは技術的に可能である」[4]。

ドイツの政治経済学教授クリスティアン・クライスは、2014年の著書『計画的陳腐化(Geplanter Verschleiß)』のなかで、もしポイボス・カルテルが白熱電球の平均寿命を約1000～1500時間短縮することに成功したと仮定すれば、1925年以来、毎年約4億～6億個の白熱電球が余分に(つまり、不必要に)生産されてきたと結論づけることができる、と書いています。しかし、彼の計算には当然それ以来かなり進んでいる世界経済の成長が考慮されていないので、もしその成長を計算に含んでいたら、もっと高い数字が導き出されたことでしょう。

このカルテルのことが初めて公に語られたのは、トマス・ピンチョンによる1973年の有名な小説『重力の虹』でした[5]。その小説には、「バイロン」という電球が、世界中の電球の寿命を管理する邪悪な電球カルテルであるポイボスと対立する章があります。ところが、ピンチョンは事実とフィクションを混ぜ合わせるスタイルで知られていたため、ほとんどの人はポイボス・カルテルを想像の産物だと解釈したのでした。

カルテルの存在が初めて本格的に取り上げられたのは1992年、ドイツの新聞『ディー・ツァイト』の記事で、ドイツ民主共和国時代に2500時間の寿命を持つ電球を製造していた東ドイツの電球メーカー、ナルダに関する激しい議論の最中でした。しかし、カルテルが存在したことを示す真の証拠が明らかになったのは、2010年にベルリン市の公文書館でカルテル設立時の文書と、1926年から1934年の間に電球の平均寿命がいかに短くなっていたかを示す記録が発見されたときでした。

技術的見識の進歩により当初は寿命が長かった白熱電球は、ポイボス・カルテルの圧力により、意図的に「作り変えられ」劣等製品となりました。こうして、前述した岐路からの進行方向が選択されたのでした。1930年代の経済危機の最中に、計画的陳腐化は経済成長を促進する戦略として公然と議論されました。バーナード・ロンドンという不動産ブローカーが、1932年に「計画的陳腐化による大恐慌の終結（Ending the Depression through Planned Obsolescence）」と題する論文を発表しました[6]。そのなかで彼は、政府が靴、家屋、機械、つまり工場、鉱山、農業から生産されるすべての製品に、一種の法的寿命を設けることを提案したのです。その寿命は、製品が完成した瞬間から始まり、消費者は設定された期間を知り、その期間内に販売され使用されなければならず、その期間が満了すると、その製品は法的に「寿命切れ」とされ、政府機関の管理下に置かれ、政府は失業が蔓延した時点で製品を破壊する選択ができる、というものです。さらにロンドンは、消費者がこの一定期間を過ぎても法的に「寿命切れ」の製品を所有し使い続けることを選択した場合、そのために特別な税金を課すべきだと提案しました。彼は、このモデルがより大きな需要を生み出し、経済成長を再び活性化させると確信していました。

当然のことながら、彼の考えは世間から賞賛をほとんど受けませんでした。しかし、これに強く共鳴する者もいたのです。20世紀の最も影響力のある工業デザイナーの一人であるブルックス・スティーブンスが、1954年に計画的陳腐化について、「ほんの少し新しく、ほんの少し優れていて、必要となるよりほんの少し早くものを所有したいという消費者の欲求を刺激するものである」[7]と表現し、デザイナー、エンジニア、広告メーカーに対して大きなインスピレーションを与えました。以来、世界中のメーカーはこの考え方を応用しています。計画的陳腐化は今や、一定の消費と利益を維持するための戦略として確立されています。こうして、問題が仕組まれた製品という新しい収益モデルが誕生したのです。それ以来、「新しい」というのは「まだ壊れていない」という意味になったのでした。

新しい＝まだ壊れていない

私たちは、家電製品が購入して間もなく壊れることに慣れています。洗濯機にはポンプや回路基

板、ベアリングといった弱点があり、数年か一定回数の洗濯後に寿命を迎えます。自動車もまた、あらかじめ決められた走行距離を超えると、たとえば排気管やギアボックス、エンジンなどの交換が必要になるように設計されています。自動車のライフサイクル全体にわたって、所有者にかかるメンテナンス費用は、通常、購入価格のほぼ1・5倍になるよう生産者によって意図的に計画されています。カウント・システム付きチップ（カウントチップ）のおかげで、プリンターは、あらかじめ決められた回数の印刷の後、新しいインク・カートリッジが装着されるまで印刷を再開できないことを「知って」いて、メーカーが販売する専用インクを使わなければ、黒い線を出すこともあります。こういったカウントチップは、食器洗い機、カメラ、コーヒーメーカーなどにも搭載されています。保証期間は、単に故障が表面化しない期間と同じであるため、保証はほとんどなんの役にも立ちません。

インサイダーだけが、装置を再び使えるようにするボタンの場所を知っています。デジタル操作以外にも、製品の寿命を縮める機械的なトリックはたくさんあります。たとえば、プラスチック製の歯車は、金属製のものと組み合わせると摩耗が早くなります。また、交換部品が入手できない場合もあります。業界団体は、販売する製品の交換部品をどれくらいの期間保管しておくべきかについて製品メーカーに指示する行動規範を策定することがよくありますが、それは、理解しがたいことに、製品の平均寿命よりも短いものであることが多いのです。たとえば、英国の業界団体

AMDEA(家庭用電気機器製造業者協会)は、会員が販売する冷凍庫や冷蔵庫の交換部品を8年間保管するよう勧告していますが、この種の電化製品の寿命は通常10〜12年です[8]。

さらに、多くの場合、修理サービスにともなう長い待ち時間と高額な費用が、製品を新品に買い替えることを促す動機となっています。通常、交換部品の市場価格はごくわずかであり、製品の修理にかかる費用を高くしているのは人件費です。あらゆる技術的知識があるにもかかわらず、欠陥が簡単に直せるように製品が設計されていることはほとんどありません。加えて、多くの製品は低品質であるため、修理にかかる費用のほうが製品そのものよりも高くつきます。

製品の低品質を正当化するためによく使われる議論は、こうすることで予算が少ない人々にも製品が行き渡るようになるというものです。これは一見、親切に聞こえますが、計画的寿命があらかじめ設定されている多くの製品において、生産工程で節約される費用はごくわずかであることが多いのです。たとえば、ドイツのプフォルツハイム大学での研究によると、ミルク泡立て器の特定の部品(この部品は、その装置がある時点で作動しなくなる原因であることが多い)の生産工程において節約された材料費は、総費用の約0・33%にすぎませんでした[9]。

また、購入価格が安ければ、たしかに低予算の消費者でも製品を手に入れやすくなりますが、そのような消費者にとっては、製品や機器をすぐに新しいものに交換しなければならないとしたら、実際にはもっとやっかいなことです。別の例をあげれば、計画的陳腐化の廃止を目指すフランスの団体、

「Halte à l'Obsolescence Programmée」は、女性のストッキングの消費について調査しました。ストッキングをよく履く女性は、１シーズンに平均10〜11足の新しいものを買っていることがわかりました。すでに持っているものに飽きたからではなく、すぐに破れてしまうからです[10]。これは決して技術的にやむを得ないことではなく、低予算の消費者がストッキングをより購入しやすくするための方法でもありません。メーカーが意図的に化学薬品を使い、ナイロンの耐久性を低くしているのです。１９４０年代にナイロン製ストッキングが初めて登場したとき、その耐久性を強調して売り出されました。ストッキングが牽引ロープとして使われる広告映像によって、その耐久性は揺るぎないものとなったのです。しかし、そのわずか数年後、デュポンは自社の市場を混乱させるほどストッキングが長持ちしたため、研究者たちにナイロンの耐久性を下げる方法を見つけるよう迫りました[11]。

つまり、製品が最初に解決策を提示したにもかかわらず、実際には技術的な操作によって「仕組まれた問題」になったのです。「故障するための設計」。

スイス消費者協会は、計画的陳腐化を三つの形態に区別しています。すなわち、「カウントチップ」、「隠れた弱点（実際には若干小さすぎる部品、構造上の弱点）」、そして金属の代わりにプラスチックを使うなど、「不適切または安価な材料の使用」です。３番目の戦略は、一種の心理的効果を生み出すためにもよく使われます。たとえば、自動車の重要でない部品がプラスチック製であることで、一定期間経つと計画的に壊れ、所有者に自動車全体への不信感を抱かせるのです。ドイツの「ウコ研究所（Öko-Institut）」による計画的陳腐化に関する調査では、購入から5年以内に買い替えなければならない家電製品の割合は、２００４年には全体の７％だったのが、２０１３年には13％に増加しています[12]。

今日、製品の寿命や品質を決定するのは、デザイナーやエンジニアではなく、収益モデルの理論的目標です。これらの目標が、今日のビジネスでいう「製品ライフサイクル」を最終的に決定しています。職人技と信頼性は、採算と利益の最大化の追求に負けてしまうのです。こうして生産者の問題は、事実上、消費者の終わりなき問題となります。なぜなら、消費者は仕組まれた問題を解決するたびに、新たに仕組まれた問題を購入することになるからです。このプロセスは無限に繰り返されます。これがまさに目的です。「新しい＝まだ壊れていない」、これが収益モデルの核心なのです。

新しい＝まだ古くない

しかし、技術的操作は、消費者に対して問題を仕組む一つの方法に過ぎません。生産者が最近、熱心に利用しているもっと巧妙な計画的陳腐化は、小さな、画期的とはいえないイノベーションを市場に投入する速度に着目したものです。これにより、生産者は、製品そのものが最短時間で動かなくなるわけではないものの、広義において製品の性能が急速にその価値を失うというねらいを達成するのです。これは、技術的操作ではなく、「機能的」操作です。「時代遅れにするための設計」。

生産者は、毎年新しい製品を市場に投入することは実質的に不可能なので、製品の寿命を技術的にだけでなく心理的にも制限するような計画的陳腐化戦略を適用しています。今日、真新しく、モダンで、最新のものが、あっという間に古臭く、つまり時代遅れになります。そして、そのペースは加速するばかりです。つまり、ここでいう「新しい」とは、私たちに自由をもたらしてくれた自動車や、便利さと時間を与えてくれた洗濯機、暗いときでも読書や仕事、自動車の運転ができて、暗い道でも安全に歩けるようにしてくれた電球のような画期的な製品のことではありません。ペニシリン、避妊薬、蒸気機関、電話機の発明のように、私たちの生活を後戻りできないほど変えた画期的な技術的イノベーションを意味するものでもないのです。洗濯機や冷蔵庫の発明により、1900年には週58時間必要だった家事労働の時間が、1975年には18時間にまで短縮されたことで、ほとんどそれだけで女性の労働市場参入が可能となったことを考えてみてください[13]。

今や、実際には、「新しい」というのは、ちょっとしたデザインの変更を意味し、1年前のモデルを突然絶望的に古臭く感じるようにしたものです。要するに、企業は「新しい」というにほとんど値しない「イノベーション」で消費者を繰り返し誘惑することで、自社製品の「賞味期限」を操作しているのです。2016年の『ウォール・ストリート・ジャーナル』の記事で、ジャーナリストのグレッグ・イップは、情報技術を除けば、ここ数十年、イノベーションは私たちの日常生活をほとんど変えていないと指摘しました[14]。

住宅、家電製品、自動車は一世代前とほとんど変わっておらず、飛行機の飛行速度は1960年代から速くなっていません。米国で最も処方されている医薬品のうち、過去10年間に市場投入されたものは一つもありません。私たちは未曾有のイノベーションの時代に生きているように感じるかもしれませんが（広告業界が使う大げさな言葉で、そのイメージが増幅されています）、それは現実というよりも私たちの注目の仕方によるところが大きいのです。事実、私たちは常に新しい製品を買わされているのです。以前のものより優れているわけでも、機能的であるわけでもないものを。

フォードの創業者ヘンリー・フォードは、自動車市場に革命を起こしたことで有名になりました。初めて標準化された自動車を販売したのが彼でした。その有名なキャッチフレーズは、「黒にしておけば、お客様が好きな色に塗り替えることができる」でした。しかし、競合会社であるゼネラルモーターズの社長を長く務め、彼の同時代人でライバルでもあったアルフレッド・スローンは、逆の革命をもたらしました。彼は顧客の個人的な欲求に応える最初の自動車メーカーを築き、自動車メーカーとして最初にマーケティング部門を設立した人でした。自伝のなかで、彼はこう回想しています。「新型車における変更は、需要を刺激し、先行車に対するある種の不満を生み出すような、とても新しく魅力的なものでなければならなかった」[15]。

その手法は、その後数十年間、商品の売上を飛躍的に伸ばす方法として、ほぼすべての分野で採用されてきました。2012年には、新しいものに買い替えられたテレビのうち、その60%がまだ完璧に機能していました[16]。2019年、米国のコンサルタント会社の調査によると、回答者の84%が当時、従来のテレビをやめて完全にオンラインストリーミングサービスに乗り換え、62%が従来のテレビは無意味になったと答えました[17]。

スマートフォンもよい例です。今や、2年も経てば消費者が持っている機種に飽きるのは当たり前になっています。しかし、最新のiPhoneやサムスンの前モデルからの進化はごくわずかです。スクリーンは必然的により鮮明で大きくなり、カメラの性能も上がり、購入者は指紋認証のような「目を引く仕掛け」を手に入れますが、これらの最小限の改良は真のイノベーションではありません。しかしながら、消費者は平均して1年半ごとにスマートフォンを買い替えています。

調査会社ガートナーによると、スマートフォンが登場した2009年から2017年の間に、82億台という想像を絶する数のスマートフォンが販売され、そのうち2017年だけで15億台が販売されました[18]。それ以来、スマートフォンを所有する人の数は着実に増え続けています。2018年には世界人口の38％がスマートフォンを所有していましたが、2020年には46・5％にまで上昇しています。ガートナーによれば、この数字は今後も伸び続けるといいます。これらすべてのスマートフォンを生産するために、毎年1万5000トンを上回る銅、350トンの銀、30トンの金、14トンのパラジウムが地球から採掘されます[19]。しかし、米国環境保護庁（Environmental Protection Agency）によれば、世界のスマートフォンのリサイクル量はわずか20％にすぎません[20]。

新しい製品を何度も購入するのは、心理的な理由のほかに、ハードウェア製品が、ソフトウェアレベルでの絶え間ない変更や微妙に異なる接続ケーブルの使用により、すぐに最新のシステムやアクセサリーとの互換性を失うためです。デバイスはまだ問題なく機能するのに、LINEやWhatsApp（ワッツアップ）の最新バージョンをダウンロードできないと、最初に購入したときの目的用途には使えません。そのため、常に最先端でいたい人、世界とつながっていたい人（つまりは、それが多くの現代テクノロジーの意図するところなのです）は、古いデバイスがまだ機能しているにもかかわらず、新しいデバイスの購入を余儀なくされます。

多くの有能な技術者を抱えるアップルは、新しい機能を追加してアップグレードできるように、一部のパーツを取り外したり交換できるようなデバイスを設計することが十分にできるはずです。簡単な操作でカメラや電池を取り外し、より良いバージョンに交換できるようなデバイスです。ソフトウェア開発に適用されること、つまり、更新によって常に機能をアップグレードできることは、ハードウェアにも適用されるべきです。ですが、もしそうだとしたら、誰が2年ごとに新しいものを買うでしょうか？

ゲーム機も同じです。あなたの甥っ子は、今年の誕生日に新しいプレイステーションをもらって大喜びするかもしれません。でも、数年後には新しいモデルが必要になるでしょう。理由は単に、その機種でプレイできるゲームはもう発売されなくなるからです。そのうえ、そのころにはグラフィックは絶望的に古臭く見えて、最新のアクセサリーは接続できなくなっているでしょう。それなら新しいのを買おう、古いのはごみ箱行きだ、となるわけです。

つまり、ここでの収益モデルは「まだ古くない」というものなのです。

新しい＝まだ流行遅れではない

最後に、消費者に新製品を買い続けてもらうための第三の方法があります。それはおそらく、私たちの文化を最も強くコントロールしている方法、「まだ流行遅れではない」収益モデルです。この収益モデルは１９２０年代に米国で生まれ、その後急速に西洋諸国を制覇しました。その立役者は、歴史において重要な役割を果たしたにもかかわらず、その名を知る者はほとんどいないエドワード・バーネイズです。彼はジークムント・フロイトの甥であり、叔父の理論を販売戦略として利用することを最初に着想した人物です。フロイトは、人間は理性によって導かれるのはごく限られた範囲にすぎず、無意識的な感情的欲望によって導かれる範囲のほうがはるかに大きいと主張しました。

バーネイズがこの洞察を利用して商品を販売した手法の有名な例は、映画監督のアダム・カーティスがＢＢＣのドキュメンタリー番組「The Century of the Self（自己の世紀）」で紹介したもので、バーネイズが米国人女性にタバコを吸わせた方法に関するものです。当時、女性がタバコを吸うことは一般的ではなく、タバコを吸う女性は下品だと思われていました。もちろん、大手タバコメーカーは、潜在的な販売市場が半分になることを意味するため、これに満足していませんでした。そこで彼らは、自称「史上初のＰＲエグゼクティブ」（バーネイズの造語）であるバーネイズに助けを求めました。

バーネイズはある計画を練りました。いつも多くの報道陣が集まるニューヨークで毎年行われるイースター・パレードで、若くて魅力的な女性たちが服の下からタバコの箱を取り出し、一斉にタバコに火をつけるというものです。一方、バーネイズは、このグループがフェミニストのグループであり、彼女たちはタバコを女性の抑圧に抗議するための「自由の聖火」とみなしている、というゴシップを流しました。

この出来事は広く報道されました。女性向けのタバコの売上は即座に大きく伸び、それ以来、タバコは女性の自立の象徴とみなされるようになったのです。この出来事は、商品を無意識の感情やアイデンティティに関する感情と結びつけるという、新しい広告手法のはじまりとなったのです。

投資銀行リーマン・ブラザーズに勤務していたウォール街の銀行家ポール・メイザーは、1927年にこう述べました[21]。「私たちは、米国を『必要性の文化』から『欲求の文化』に変える必要がある。人々は、古いものを完全に消費する前から、新しいものをほしがるように訓練されるだろう。そのために、私たちは、欲求が必要性に完全に取って代わるような新しいメンタリティーを形成しているのだ」。この言葉が現実となるまでに、株式市場の暴落や世界大戦を経なければならなかったわけですが、今日の世界の大部分における私たちの消費製品とのかかわり方をよく言い表していることを否定することはできません。

つまり、私たちが物を買うのは、それが必要だからというだけでなく、自分のアイデンティティを形成するためでもあります。要するに、大量生産され、大量消費される製品を消費することで、大衆と自分を区別できると考えているのです。この皮肉には、実際、ほとんどの人が気づいていないと思われます。世界で最も成功しているブランドのスローガンを見てみましょう。「Think different」。世界最大級の多国籍企業の一つの何十億といる顧客の一人であるあなたに対して、あなたはほかの人とは違い、独創的だと言っているのです。

これは、精神的貧困をもたらすのみならず、私たちに新しいものを急ピッチで買わせる卓越した戦略です。強力なメディア文化を通じて私たちに伝えられるファッションや流行の多大な影響を無視することはほとんど無理です。つまり、私たちのアイデンティティを形成する象徴が、常に意味を変え続けるということであり、私たちはそれを痛切に意識させられるのです。息子のサッカーシューズは、ある年には彼が共感する何かを象徴していましたが、翌年には、彼の足に履かれたそのシューズは、まったく違うものを意味していました。「もう本当にかっこ悪くなった」という理由で、彼は新しいシューズが必要だと言い出すのです。まったく同じ靴が、1年後にはほとんど正反対のアイデンティティに解釈されてしまうのです。

つまり、この収益モデルの原動力となっているのは、数カ月ごとに商品と象徴的価値の関係を大きく変化させるファッションサイクルの速さです。そのため、象徴的価値を維持するためには、絶えず新しい商品を買い続けなければならないのです。

「流行遅れにするための設計」。

その結果、メーカーは製品の品質よりも、こうした象徴的な側面に重点を置くようになります。その最もわかりやすい例がファッションの世界です。このような心理的操作にもとづく業界全体が、激安メーカーの台頭も手伝って、衣服の平均寿命を縮めています。ZARAやH&Mのようなファストファッションブランドは現在、1シーズンに1回ではなく、1年に20ほどのコレクションを提供しています[22]。

一つの衣服の平均着用回数は、ここ数十年の間に世界中で少なくとも36％減少していますが、この数字は豊かな国ではさらに顕著です。米国では、衣服の着用回数は世界平均のわずか4分の1で、中国ではここ数十年で衣服の着用回数が70％も減少しています。

その一方で、同時期に世界の衣料品生産量は倍増しています。これらの衣料品を製造するためには、膨大なエネルギーや水などの資源が必要となります。ファッション産業は世界の温室効果ガスの10％を排出し、1キロの衣服の生産に2万リットルの水を使用しています。これらの衣服の73％はごみの山に送られ、新しい衣服の生産に再利用されるのはわずか1％です[23]。2019年の英国下院の環境監査委員会報告書によれば、「アパレル産業は、自動車産業とテクノロジー産業に次いで3番目に大きな生産産業である。繊維製品の生産は、国際航空産業と運輸産業を合わせたよりも気候変動に大きな影響を与えている」[24]。

公然たるカルテル

計画的陳腐化は、技術的操作、機能的操作、心理的操作のいずれによってもたらされるにせよ、物の購入を促進させ、そのスピードを加速させる巧妙なビジネス戦略であり、人間と環境に対して多大な負担を強いるものです。さらに多くの製品が追加され、その寿命はどんどん短くなっていきます。アリゾナ大学の計算によると、ここ数十年でコンピュータの寿命は3分の2程度も縮みました。1985年にはコンピュータは10・7年使用できましたが、2010年には3・5年しか使用できなくなりました[25]。また、中古携帯電話機の市場は拡大していますが、まだ多くは消費者の引き出しの中に眠っています。オランダでは、推定630万台の古い携帯電話機が使われずに人々の戸棚にしまわれています[26]。ちなみに、1トンのスマートフォンには、1トンの金鉱石に含まれるよりもはるかに多くの金が含まれています[27]。私たちは鉱石から金を抽出しようと懸命に努力しますが、スマートフォンのなかの金はほったらかしにしています。その金の多くは、永遠に戻ってきません。

現在では、企業間の明示的な合意はほとんど見られません。計画的陳腐化による収益モデルのルールは当たり前となり、今や企業文化の一部となっています。この方法は一見すると目立ちませんが、実ははるかに効果的です。ポイボス・カルテルのような物議を醸す秘密主義の陰謀は、実際にはまだ弱い形態の行動調整で、極秘のルールと合意、そしてその遵守を監視する人々が必要でした。これは、消費者が異なる状況を容易に想像できてしまうことを意味します。これに対して人々が行動パターンを無意識に受け入れ、それが当たり前のこととなり、ほかの選択肢を考えることすらなくなったとき、計画的陳腐化の収益モデルははるかに効果的になります。

心理的な力、つまり、ある考えや思考方法が文化のなかに定着したときに生まれる力は、目立たないからこそ非常に強力なのです。ドイツ系韓国人の哲学者ビョンチュル・ハンは、著書『精神政治学』のなかで次のように述べています。「人が状況に合わせて自発的に自分自身を従属させる力は、かなり効果的である。特に効果的なのは、それが禁止や否定によってではなく、喜びや満足感によって働くという事実に由来している。まさに、この力が特別な話題として意識されていないからこそ、力は紛れもなく存在しているのである」。

これはまた、使い捨て社会の原動力は消費者である、というよく聞く主張にもつながるものであり、これを完全に無視することはできません。しかし、誰が誰に影響を与えたのかという根本的な疑問が残ります。タバコの例に戻ると、もちろんタバコを吸うか吸わないかの選択はすべての個人にありますが、その選択がタバコ業界が毎年マーケティングに費やしている数十億ドルの影響をいかようにも受けていない、と主張できるのは、真の皮肉屋だけでしょう。

計画的陳腐化を私たちの生産文化と消費文化の当たり前の一部にすることで、生産者の問題は、短期的には消費者に、長期的にはすべての人に、私たちが持つ唯一の生活環境を奪う使い捨て文化というかたちで、成功裏に転嫁されました。しかし、これらの収益モデルがあまりにも当たり前になってしまったために、私たちはその問題に鈍感になっているようです。つまり、三つの収益モデルはすべて、パフォーマンス・サイクル（製品を使用する期間）とライフ・サイクル（製品が技術的に持続する期間）のあいだのギャップを広げます。現在のシステムでは、そのギャップが常に廃棄物と無駄をもたらします。ある場合は製品の継続的な「改善」がその原因であり、別の場合では計画的に改善を行わないことが原因です。

消費者、社会、そして地球は、メーカーの利益を最大化するという目標だけに突き動かされた技術的決定の結果に苦しんでいます。もちろん、メーカーは利益を上げる必要があります。しかし、問うべきは次の質問です。「誰かあるいは何かを犠牲にすることでしか、利益を上げることはできないのだろうか？」

がらくたはお断り！

私たちの祖父母が持っていた園芸工具が我が家の物置にぶら下がっています。何十年も使っていますが、まだちゃんと働いてくれます。面白いことに、ドイツには、祖父母が使っていた園芸工具のように、何世代にもわたって使える商品を販売するチェーン店「マニュファクタム」があります。ここでは、流行やトレンドに左右されないアイテムが見つかります。昔ながらの方法で持続可能な素材で作られており、長く楽しむことを目的としています。値段はそれなりにしますが、一生に一度しか買わないものと考えると、むしろお買い得です。このチェーン店のモットーが「Billig ist uns zu teuer（安物買いは銭失い）」なのは納得です。

　これは、ドイツのビジネス経済学者シュテファン・シュリデのモットーでもあります。彼は数年にわたり、自国での計画的陳腐化に関する議論を刺激しようと努めてきました。シュリデは、消費者に欠陥のある機器を報告するよう呼びかけ、クレームや訴訟を通じて生産者に責任ある持続可能な生産を強制しようとする「Murks? Nein Danke!（がらくたはお断り！）」という市民運動の創始者です。その団体は、製品が１９８０年代と同じくらい長持ちすれば、ドイツだけで年間１０００億ユーロを節約できると試算しました。そのうえ、アフリカ人が毎日平均10キロの天然資源を消費するのに対し、ヨーロッパ人は43キロも消費していると指摘しました[28]。

　フランスでは、すでに一歩進んでいます。２０１５年8月以降、計画的陳腐化は犯罪となり、企業の取締役には懲役2年と、フランスでの年度売上高の最大５％の罰金が科せられることもあります。２０２４年からは、電

消費の仕方

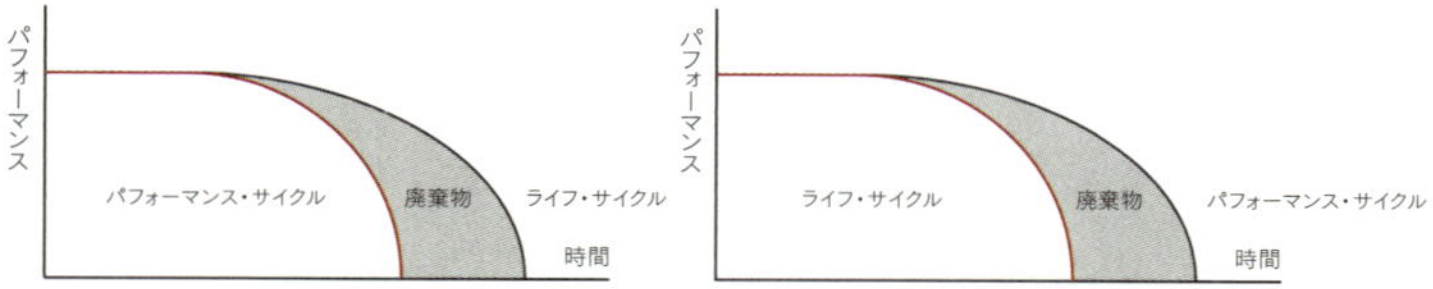

高速イノベーションは廃棄物を生む　　低品質は廃棄物を生む

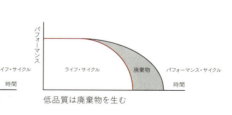

気・電子製品の修理可能性と寿命を透明化するエネルギーラベルと似た、「耐久性指数（Indice de durabilité）」も導入しました。

機能的操作の影響について何らかの対策を講じようとする取り組みやメーカーも存在します。フォンブロック（Phonebloks）というイニシアチブは、個別に入手可能なさまざまな部品で構成される製品を推進する取り組みです。これにより、消費者は新しい製品全体を毎回購入する必要がなく、必要な部品を交換するだけで済みます。さらに、eBayやメルカリなど、中古品（甥の「古い」ゲーム用コンピュータなど）の新しい持ち主を見つけることができるウェブサイトも数多くあります。

心理的操作の分野でも、批判的な声や反対運動があります。その一つが、英国の反広告運動である「ブランダリズム」です。これは、国際的なストリートアート集団が公共スペースにある膨大な量の広告に対して「クリエイティブな行動を起こす」よう、世界中のアーティストに呼びかける運動です[29]。

2009年にオランダで始まり、現在38カ国で活動する「リペアカフェ」もあります[30]。このイニシアチブでは、ボランティアが家電製品からコンピュータ、衣類に至るまで、さまざまな製品を修理するミーティングを定期的に開催しています。「アイフィクスイット（iFixit）」というこの取り組みのシリコンバレー版もあり、オンラインの修理マニュアルとツールを提供し、消費者が製品を修理することを奨励しています。これは、製造業者からの抗議を招く結果となりました。彼らは、修理に関する情報は自社の所有物であるという主張を利用して、消費者が自分で製品を修理することを妨げようとしました。それ以来、修理する権利をめぐる争いが繰り広げられて、2014年から米国の34の州で消費者にこの権利を付与する法律の導入が開始されました[31]。

スウェーデンでは、修理に付加価値税を支払う必要はなく、修理にかかる人件費は税金から控除できます。イタリアとフランスでは計画的陳腐化を禁止する法律が可決されました。イタリアの競争当局は、一部のスマートフォンモデルがソフトウェアアップデート後に突然動作が悪くなったことに対し、携帯電話機メーカーのアップルとサムスンにそれぞれ1000万ユーロと500万ユーロの罰金を科したことさえあります[32]。

これらはすべて素晴らしいイニシアチブ、運動、取り組みですが、真の問題解決策ではありません。なぜなら、これらは依然として、力と責任が同じ場所にない直線型経済システムを前提としているからです。この意味で、これらは、善意の取り組みであるにもかかわらず、直線型経済を「最適化」しているにすぎません。結局のところ、これらすべての場合においても、生産者による決定の結果責任は消費者が負わされ、そして最終的には生活環境に結果が及びます。

そしてそれこそが、私たちをトラブルに巻き込んだ不幸な要素なのです。

「今日責任から逃れることによって、明日の責任から逃れることはできない」

——エイブラハム・リンカーン

第2章

直線型経済

直線型経済において、私たちは急速に資源を使い果たしている。
将来の資源不足に関する報告は山積しているが、
いまだに何も変わっていない。
なぜ何も起こらないのか、流れを変えるために何ができるのか。

1964年3月13日、キャサリン・ジェノヴィーズ（愛称キティ）という若い女性が、ニューヨーク・クイーンズ地区のアパートに囲まれた駐車場でクルマを降りました。午前3時15分すぎ、バーのマネジャーの仕事の帰りでした。

その数分前から、キティは、29歳の機械工ウィンストン・モーズリーに目をつけられていました。彼は彼女のあとをつけ、彼女がクルマを降りると走り寄って、刃物で彼女の背中を2回刺しました。キティは助けを求めて叫びました。

その叫び声は、数人に聞こえていました。一人の男性がアパートの窓からモーズリーに向かって叫んだので、モーズリーは自分のクルマに逃げ込みました。しかし、誰もキティを助けに降りてこなかったため、モーズリーは戻って再びキティを追いかけます。地元住民の叫び声で一瞬足を止めましたが、静寂が戻ると、彼はもう一度キティをアパートの入り口で襲いました。キティは刺傷のためその場で死亡しました。アパートの住人が警察に通報したのは午前3時50分になってからでした。モーズリーには、被害者を殺すのに35分もの時間があったのです。

傍観者効果

この事件について新聞記事は、38人にのぼるアパートの住人がキティへの襲撃を目撃したか少なくとも音を聞いたにもかかわらず、そのうちの誰もが救助を試みなかった、あるいは手遅れになるまで警察に通報しなかった、と報じました。この記事は、一般大衆の怒りを呼び、何故そのようなことが起こったのかを解明するため、大規模な心理学的調査が行われました。キティのケースは、のちに社会心理学が「傍観者効果」[1]と名付ける現象の、有名な事例になりました。それは、個人の集合体である集団が、問題解決の責任を共同で担うときに起こる現象です。

傍観者効果は、社会心理学者が「責任の分散」[2]と呼ぶ現象によって引き起こされます。この現象が発生すると、問題解決に対する責任感が、集団に所属するすべての個人に広く分散し、一人ひとりのメンバーは、高度に希薄化された責任しか感じません。その結果、誰一人として、いかなる行動も起こさないのです。

これは、責任の認識と実際の行動との関係の重要性を示しています。行動は、責任の認識を前提とします。もし私たちが十分に責任を感じなければ、行動して変えようとはしません。責任を感じるためには、起こっている出来事に対する自分の力が一定程度あると感じられることが前提となります。したがって、もしもある状況に対する自分の力がほんのわずかだと感じたならば、行動を起こす動機はほとんどないのです。

では、「行動する能力」と「責任」が完全に切り離されている場合はどうなるでしょうか。つまり、Aさんが何らかの行動をした際に、その行動の結果に対する責任をBさんに転嫁したとします。こうしてBさんは、未承諾の責任を「負う」ことになりますが、Aさんとは異なり、状況に対する力を持たないために、責任をまったく認識しません。こうして問題は、永遠もしくは取り返しのつかない壊滅的状況に陥るまで、続いていくのです。とても単純なことがおわかりいただけるでしょう。しかし、私たちは今日に至るまで、現在の経済モデルのなかで、力と責任を、同じように扱ってきたのです。その結果、直線型の生産チェーンが地球規模の大惨事を招いているのです。

終着点

想像してみてください。責任を売ることを許された生産者と、直線型の生産チェーンと、チェーンの最後にいる生産過程に関する影響力どころか一切の知識すら持たない消費者を。その結末は巨大な廃棄物の山です。私たちの現在の生産チェーンは、誰もが自分の行動の結果について責任を負う必要がないように仕組まれています。責任は、チェーンを通じて転嫁されていき、まるでそれが取引における些細な詳細事項であるかのようにいとも簡単に売り渡されていきます。こうした転嫁は、製品が匿名状態となり、巨大な廃棄物の山と化すまで、続いていくのです。それが、直線型チェーンの終着点です。そしてそれは、自然界、もしくはそれらの製品が消費された場所からはるか遠いところに住む人々に甚大な影響を及ぼしているのです。製品が終着点に到着するやいなや、その特徴や個性は消え去り、新たな取るに足らないアイデンティティに道を譲ることになります。それは廃棄物というアイデンティティであり、すべての製品を平等に――つまり、等しく無価値にするものです。製品が製品としてのアイデンティティを失うやいなや、それを構成する材料に関するすべての知識と、再利用の可能性が失われてしまいます。

この取り返しのつかない終着点の一歩手前にいるのは消費者です。消費者は、製品が滅びてしまうのか、それとももう一度生きるチャンスを与えられるのか、実質的に決定できる最後のゲートキーパーです。しかしながら、消費者は絶望的なほどに、この役割を果たすための知識を持ちあわせていません。消費者は、生産過程でどのような素材が使用されたのか、どのような技術的な意思決定がされたのか、どのような再利用の方法があるのか、といったことに関する知識をほとんど、あるいはまったく、持っていないのです。しかも、それらについて一切の影響力を持ち得ないのです。その消費者が電球を買うとき、その電球が1000時間点灯したのちに壊れることを知りません。その電球のためにどれだけの天然資源が使われたのか、あるいは生産工程がどれほどエネルギー効率に優れ、社会的配慮がなされているのかについても知りません。99％の消費者は、使用後にごみ箱に捨てる電球の素材がいったい何なのかを知らないのです。

したがって、消費者を、製品の最後の運命を決める立場に置くことは、無責任といえます。生産チェーン全体のなかで、正しい意思決定を下す可能性が最も低いのは消費者だからです。消費者は完全に責任を過剰に負わされています。

このモデルがもたらす結末は、ほとんどの製品が廃棄物となってしまうということです。このように、前章にて説明した生産者の問題が、企業の収益に対する脅威から、人々の生活環境を脅かす脅威へと、変容してゆくのです。生産プロセスへの影響力と、その結果に対する責任は、「生産チェーン」全体の長い距離によって完全に切り離されてしまう。これが直線型経済というモデルなのです。

洗浄の仕掛け

社会学者ウィレム・シンケルが「洗浄の仕掛け」とうまく名付けたように、生産チェーンの全体の一貫性を効果的に見せることで、チェーンのなかの個々の過程を隠してしまうことができます[3]。

消費者が製品を受け取るとき、その製品が作られるに至った生産チェーンはおろか、そのチェーンがもたらす世界的な影響についても、まったく知識を持っていません。さらに、ロブ・ワインベルグが言うように、それは「訳のわからない専門用語に紛れ、PRやマーケティングの霧に包まれ、不可解な法的な言いまわしの迷路に迷い込んでいます。こうして、まったくの他人事と化している」のです[4]。

そのため、消費者が責任を感じたとしても、複雑に絡み合ったグローバルサプライチェーンのせいで、何が「正しい」判断なのかを推し量ることはほとんど不可能です。一例をあげれば、環境と地球上のすべての生き物の福祉に対する責任感から菜食主義を実践する消費者は、牛乳の代わりにアーモンドミルクをよく飲んでいます。近年になって、世界のアーモンドの80％が栽培されているカリフォルニア州のアーモンド生産者の90％が、アーモンドの木の受粉のためにミツバチの群れを輸入していることが明らかになりました。ミツバチの権利保護団体によると、その結果、ミツバチの巣の15％から25％が、蜂の巣の完全崩壊や子孫が死んだり奇形になるなどの深刻な被害を受けています。これは、アーモンド果樹園で使用される殺虫剤や殺菌剤と、巣箱が1週間トラックの荷台に積まれて運ばれることによるものです[5]。消費者が、動物や環境に対する責任感から良かれと思ってした決断が、複雑な現代の世界において大量のミツバチを死に至らしめることになっているのです。ミツバチは私たちの住む環境を持続可能にするうえで、ほかのどの動物よりも重要な役割を果たしているにもかかわらず。

また、スーパーマーケットで私たちが目にする善意によって貼られた無数のラベルは、私たちを助けるどころか、むしろ混乱させています。世界最大のエコラベル・データベースであるエコラベル・インデックスによれば、現在、199カ国、25産業セクターに456種類のエコラベルが存在しています[6]。いったい何を基準にエコラベルを信用すればいいのでしょうか？　有機卵を買うべきか、放し飼いの鶏の卵を買うべきか。牧草飼育、抗生物質不使用、バイオダイナミック農法のもの？　最も熱心な環境保護主義者ですら、簡単に間違った選択をしてしまいます。オンライン・データベースとグリーン・ビジネスの独立評価システム創設者兼CEOであるゲイ・ブラウンは、『ガーディアン』紙のインタビューに次のように語っています。「あまりに多くのラベルが、根拠に乏しい、あるいは根拠のない主張を表しており、その多くは個々の企業による自己宣言にすぎない」[7]。一方には、グローバル・サプライチェーンの複雑さとマーケティングの力によって、責任を感じることのなくなっている消費者グループがあり、他方には、責任を感じているにもかかわらず、どの決断が意図した結果をもたらすのか、つまり、正反対の結果をもたらす不測の事態の連鎖につながらないのか、確信するすべを持たない消費者グループがあるのです。

したがって、生産過程とその背後にある長いサプライチェーンに対する影響力も知識も持たない消費者が、直線型経済によって負わされる広範囲な責任を担うことができないことは、誰の目にも明らかでしょう。

「権力と責任は一体であるべきだ」、これは基本的なルールです。この二つを切り離せば、物事は取り返しのつかないほどの破綻を招きます。2008年の世界経済危機を引き起こした巨大な金融投機を思い起こしてください。複雑な金融商品を通じて結果に対する責任が分散し、誰も責任を負わず、直接責任を取ることができなかったからこそ、あのような危険を冒すことができたのです。

前章で述べた製品寿命の操作がいずれの形態であれ、結果は常に同じです。消費者は、生産者が意図的に引き起こした問題に対する責任を、望まないにもかかわらず引き受けなければなりません。これは、生産者が自分自身の問題、つまり当初の収益モデルには限りがあること、に対する解決策として引き起こしている問題なのです。

取って、作って、捨てる

1920年代にポイボス・カルテル（業界で協定を結び白熱電球の寿命を1000時間に制限した）が結成されたとき、計画的陳腐化という手法が、製造事業者の問題に対する解決策に思えたかもしれません。しかしながら、当時、人々は、地球とその資源が有限であることにすでに気づいていたものの、地球という閉鎖システムの限界がまだ遥か遠い先のことであったために、緊急の課題として認識さ

れていなかったのです。さらに、帝国主義・植民地主義の時代でもあり、ある場所から天然資源が完全になくなれば、新しい場所を探せばよいだけでした。可能性は無限大だったのです。1972年にローマクラブの報告書『成長の限界』が発表されたことで、私たちは、このような限界が存在すること、私たちの環境が脆弱であること、資源の埋蔵量がいつか枯渇することを、人類の歴史上初めて切実に認識しました[8]。さらに、私たちの行動が地球に及ぼす影響に初めて直面した瞬間でもありました。それは、想像していたよりも何倍も深刻なものでした。

今となっては周知のことですが、私たちを取り巻く環境や資源には限りがあります。しかし、私たちは、それから半世紀たった今でも、空だけが私たちの限界であるかのような行動を続けているのです。

私たちは、完全に一次元的な、すなわち直線型の経済モデルから抜けられずにいます。私たちは資源を採掘し、それを商品に変え、その商品をほんの少しのあいだ使用し、そして捨てます。それでおしまい。つまり、このモデルにおける消費の結末は、常に廃棄物です。直線型経済モデルは、「取って、作って、捨てる経済」としても知られています。

このモデルは、20世紀前半に始まった計画的陳腐化によって加速され、さらなる悪影響を引き起こしています。驚くべきスピードで世界の資源がごみの山と化しているのは、計画的陳腐化というビジネスの直接的な結果であり、偶然の結果ではありません。国連環境計画（UNEP）と共同で作成された報告書「世界の電子ごみモニター2020（Global E-waste Monitor 2020）」によると、

2019年に発生した電子ごみの量は過去最高の5360万トンでした。これは1台50トンのトラック100万台分以上の重量です。それをずらりと並べれば、ドイツのフランクフルトから東京までの距離の3倍以上になります。2022年の同報告書では、大規模な変化がなければ、この量は2030年までに7470万トンに増加すると予想されています[9]。

「問題が仕組まれた製品」の問題点

計画的陳腐化モデルを正当化する唯一の論理は、短期的な金銭的側面です。このビジネスモデルの目的は、製品の製造事業者にとっての金銭的利益を生み出すことなのです。それ以外のことは一切考慮されません。一方、コストは外部化され、金銭的価値で測ることは容易ではないため、製造事業者のバランスシートに計上されることはありません。コストは、取り返しのつかない状態になるまで、金銭的側面とは無関係なのです。それらコストは、個々の消費者や社会全体や自然界によって、深刻な汚染や自然資本の枯渇や気候変動の影響というかたちで支払われることになります。つまり、利益は私有化され、コストは社会化されるのです。

このような外部コストを金銭的側面に反映させようとする善意の取り組みもいくつかあります。

たとえば、2007年、ドイツのポツダムで開催されたG8＋5会合に集まった環境大臣たちの要請により、「生態系と生物多様性の経済学（The Economics of Ecosystems and Biodiversity：TEEB)」という研究イニシアチブが設立されました。このイニシアチブの目的は、新鮮できれいな空気など、生態系や生物多様性が提供する「サービス」を金銭的に測定可能にし、金銭的利益と比較して評価できるようにすることです。TEEBはさらに、生物多様性の損失や保護措置の欠如から生じるコストと、生物多様性を積極的に保全するためのコストを定量化する試みも行っています[10]。

同様のアプローチには、商品やサービスの通常の金銭的価値だけでなく、自然資本や社会資本へのインパクトも考慮することを目的とした、フルコスト会計またはトゥルーコスト会計があります。このインパクトは通貨単位で表示されるため、その量を財務報告書に反映することができます。通常、外部化されている企業活動の隠れたコストは、こうして可視化されてバランスシートに表示されます。

それでも、こうした取り組みには、自然環境には値札がついていないという不合理な点があります。彼らが定量化しようと試みているコストは、地球上に住む私たちの生存において最も基本的な条件と密接に関係しています。その条件とは、私たちがお金で買うことのできるあらゆるものについて考える以前に不可欠なものなのです。したがって、それらを金銭的次元へ引き込むことは、より具体的な金銭的利益と比較しやすくするという意味において、実用的であるといえるでしょう。たとえば、国連食糧農業機関は、トウモロコシ、米、大豆、小麦の世界的な生産にかかる外部コストが、それらの商品価値の1・7倍であることを突き止めました[11]。しかし、こうした「コスト」を財務的用語で表現すると、同時にそれが通貨や収支という狭い次元に限定されたり、別の方法によって損害を相殺することで帳消しにできるかのような、誤った印象を与えてしまう可能性があります。実際には、「生態系サービス」の最も重要な価値は無限であることであり、代替は現時点で存在しません。それらは、われわれの金融と経済の世界を超越していると同時に、それらが成り立つための大前提なのです。

加えて、自然に対する価値評価はすべて主観的なものです。環境の価値は誰の優先順位で決まるのでしょうか？　TEEBやフルコスト会計のようなイニシアチブにより、それまで自然の価値に気づいていなかった人々の認識が高まりましたが、金銭的定量化には大きな危険が潜んでいます。「外部コストの金銭的定量化は、さらなる自然の資本市場化と私有化へとエスカレートしかねない」とドイツのシンクタンク、ハインリッヒ・ベル財団のバーバラ・ウンミュシッグ代表理事は述べています。

時限爆弾

このような状況において、消費者に選択の余地はほとんどありません。製品を購入することで、消費者は所有者となり、知らず知らずのうちに、頼まれもしないままに、その製品の末路に責任を負うことになります。こうして所有することがリスクとなるのです。リスクのなかでも、たとえばタバコを吸わないこと、お酒を飲まないこと、投資する代わりに貯金することなどのように、回避できるものもありますが、所有を避けることはほぼ不可能です。平均的な現代人が一生の間に所有する製品は何百万にも上ります。それらは、自家用ジェット機や住宅から、つまようじ、キャラメル、バスの切符に至るまでさまざまです。

これらすべてのものを生産するのに必要な資源の埋蔵量は有限です。そのため、直線型経済では、少なくとも理論上、資源は必然的に枯渇することになります。実際には、埋蔵資源がなくなることはありません。ある素材が枯渇の危機に瀕するほど希少になると、直ちに価格が高騰し、メーカーは採算が取れなくなるため、製品への使用を中止せざるを得なくなるからです。

２０１１年、世界四大会計事務所の一つであるプライスウォーターハウスクーパースが資源不足を「時限爆弾」[12]と呼んだように、資源の枯渇はすでに進行しています。このたとえは正しいですが、この爆弾は爆発するよりもむしろ崩壊すると認識すべきです。産業革命以来の巨大な経済成長によって、資源はどんどん失われています。そのペースは今も加速しています。たとえば、中国は近年、20世紀全体で米国が消費した量を上回るセメントを使用しました[13]。経済が飛躍的に成長する一方で、私たちはそれと同じ速度で利用可能な埋蔵資源を取り尽くしているのです。対策を講じなければ、多くの金属鉱石、特に電子機器の生産に不可欠なさまざまなレアアース（希土類）の埋蔵量は、今世紀中に底をつくでしょう[14]。スマートフォン、風力タービン、コンピュータ、電池を考えてみてください。製造事業者はすでにコバルトとリチウムの不足に直面しています。

掃いて捨てるほど無尽蔵にあると思われている砂でさえ、希少な材料になり始めています。世界的な都市化には、コンクリートやアスファルトに不可欠な砂が、大量に必要です。「北京から（ナイジェリアの）ラゴスに至るまで、集合住宅、高層ビル、オフィスビル、ショッピングセンターはほとんどすべてコンクリートで作られ、その実態は砂と砂利をセメントで接着したものにすぎない」と、ジャーナリストのヴィンス・バイザーは2017年に『ガーディアン』紙に書いています[15]。「これらの建物をつなぐ何キロメートルものアスファルトも砂でできている。そして、それらの建物のすべての窓ガラスもそうだ」。砂漠の砂は建設に適さないため、世界中の海岸や河川が砂の採掘行為によって脅かされ、深刻な環境破壊に至っています。インドネシアでは、砂の採掘によって地図から消えてしまった島があります。

このように、直線型経済システムの論理は、一元的な金銭的側面から見ても、すでに破綻しているのです。生産者は、変動する原材料価格に対処しなければならず、生産工程で必要な資源の供給はもはや保証されていません。結局は、新しい資源が、少なくとも生産者がまだ利益を上げられるような価格では入手できなくなり、以前に採掘された資源を保存する措置が何も講じられていない場合には、直線型の生産プロセスも行き詰まり、計画的陳腐化という収益モデルはその生産プロセスもろとも、ありとあらゆる社会的帰結をともなって崩壊します。

システムに幽閉？

私たちの地球資源の取り返しのつかない枯渇は、直線型生産チェーンが帰着する「可能性」なのではなく、われわれが閉じ込められている環境が有限であることに鑑みれば、論理的に考えても至極当たり前のことなのです。にもかかわらず、システムを変革するための努力は、いかにも手ぬるいか、もしくは業界の強い抵抗に直面しています。たしかに、私たちはごみを分別し、いろいろなものをリサイクルしようとしてはいますが、それはせいぜい中途半端な手段であり、まだまだ不十分です。たとえばオランダでは、廃棄物の半分強をリサイクルするのがやっとで、2020年のEU（欧州連合）の平均は39・2％に過ぎません。2021年の日本のリサイクル率はOECD加盟国のなかでも最低レベルのわずか20％でした[16]。前述のように、世界中で発生する5360万トンの電子ごみのうち、2019年にリサイクルされたのはその20％未満です。プラスチック・スープ問題やベイルートの廃棄物危機の映像を見れば、この問題は火を見るよりも明らかです。また、リサイクルが行われたとしても、素材本来の価値はほんの一部しか保持されません。これは「ダウンサイクリング」と呼ばれるプロセスです。つまり、直線型システムの原則がそのまま適用されているだけで、せいぜい、速度がわずかに遅くなり、誤差が最適化される程度です。浪費防止の政府規制は十分に効果が得られず、資源を回収するための既存システムも同様です。問題はどうしようもなく深く、ほとんどすべての問題と同じく、対症療法では解決できません。それどころか、対症療法的な救済は、現実の問題である直線型経済から注意をそらし、実はある意味、直線型経済を助長していることになるのです。

もしかかりつけの医師が、診察のあと、症状の根底にある問題を調べようともせずに、ただ痛み止めの薬を出して家に帰らせたとしたら、私たちはその医師を非常に無責任だと思い、ほかの医師を探すことでしょう。しかし、収益モデル、生産チェーン、そしてかかりつけの医師さえも含むすべてのものが存在するための大前提である生活環境に関しては、このような姿勢は一見問題ないように見えているのです。ここに大きな疑問があります。どうすればこの状況から抜け出せるのでしょうか？　このような有限の収益モデルや過剰消費と浪費から脱却するために、私たちは何をすべきなのでしょうか？　イノベーションとテクノロジーは、その助けになるのでしょうか？　それは計画的陳腐化のために悪用されてはなりません。なぜなら、それは周知の通り、さらなる廃棄物と生産を生み出すだけだからです。では、別の方法はないのでしょうか？

デカップリングの必要性

かつての東ドイツには、計画的陳腐化の逆のかたちが存在していました。旧ドイツ民主共和国では、製品は少なくとも25年は保たなければならないと法律で定められていました[17]。その措置が、理想主義に迫られたものでも環境保護のためでもないことは明らかです。東ドイツは西側諸国から切り離されていたため、資本主義では当たり前の資本と商品の自由な移動は、同国には存在しませんでした。店の品ぞろえは最低限であり、東ドイツ人が使える財源も限られていました。選択の余地はほとんどなく、自動車など一部の商品は何年も待たなければ手に入りませんでした。そのため、東ドイツ政府にとって、製品の品質が良いことが重要であり、その責任を生産者に負わせ、現在のように消費者に負わせることはしませんでした。

言うまでもなく、すべてのものは永続しません。どんなに素晴らしい製品であっても、終わりは来ます。しかし、事前に入念にデザインし、職人技と愛情をもって丁寧に物を作り、すべての部品と素材が高価値を保ちながら継続的に再利用できるようにして、その有限性を可能な限り引き延ばす努力をすることはできます。そうすることで経済成長と繁栄を、資源の消費からデカップリング（切り離し）することが可能となります。

まず、重要な第一歩として、税制措置の変更があげられます。専門家たちは何年も前から、労働に対する課税から、エネルギーや素材といった資源に対する課税へと転換する税制改革を提言してきました。これにより、製品の修理や材料回収にかかるコストが削減されるため、企業に対して、労働の効率化ではなく、素材やエネルギーの効率化に注力するインセンティブを与えることになるでしょう。この考え方がもたらすインパクトは、オランダの財団エクスタックスプロジェクト（Ex'tax Project）によって世界中に紹介され、同財団による研究やツールの開発が進められています。スウェーデン政府が、修繕費に付加価値税を課さない決定を下したことは、こうした動きに向けた重要な一歩です。

しかし、私たちの最も重要な課題は、行動する「可能性」と、その行動がもたらす結果に対する「責任」を再統合することです。生産プロセスについて決断を下す者が、その長期的結果に対して責任を負わなければならず、安易に責任を転嫁したり売ったりしてはなりません。責任が、直線型のシステムに乗って、対処法を知らない消費者の元まで受け継がれていってはならないのです。

そのためには、新しいルールが必要です。その新しいルールの一つは、次の章で説明するように、製品自体をサービスにすることです。新しい経済モデルでは、消費者は製品を購入するのではなく、その「性能」を購入することになります。収益モデルを変えられる者だけが、現実を変えることができるのです。

「宇宙船地球号には乗客はいない。誰もが乗組員の一員なのだ。

私たちは、各個人の活動が万人に影響を与える時代に移行した」

――マーシャル・マクルーハン（カナダのメディア論の大家）

第3章

宇宙船地球号という閉鎖型システム

私たちの物質的世界において、すべては相互に依存し、限られ、有限である。

だが、同時に、私たちは非物質的な資源を利用することができる。

もしも、私たちが非物質的資源を戦略的に使用することができたならば、有限なものを無限に利用することができるはずだ。では、どのように実現できるのだろうか？

1970年4月11日13時13分、アポロ13号（司令船オデッセイ）が打ち上げられました。目的地は月。搭乗していたのは、操縦士のジャック・スワイガートとフレッド・ヘイズ、そしてアポロ8号の乗組員でもあったベテラン船長のジェームズ・ラヴェルでした。この月へのミッションの最初の2日間は、順調に進んでいました。46時間後、管制センターは宇宙船の状態は良好であると報告し、地上のNASAチームは少し退屈を感じ始めていました。しかし、ほどなくして酸素タンクの一つが爆発し、次いで二つ目の酸素タンクも破損し、ラヴェルはかの有名な発言をしました。「ヒューストン、問題発生！」。

急遽、NASAは最も優秀な頭脳を招集し、解決策を考え出すよう命じました。彼らには、「失敗という選択肢はない」のです。何百万人もの米国人が、テレビの生中継で救出作戦を見守っていました。月面着陸開始前だったため、月着陸船アクエリアスはまだ司令船に装着されていたので、クルーはアクエリアスに避難し、とりあえずそこにある電気、酸素、水を確保することができました。しかし、そこには2人が2日間摂取する分の供給物資しか用意されていません。そこでヒューストンの宇宙センターのチームは、アポロ13号の帰還を短縮する方法を考え出しました。エネルギーを節約するために、空調システムやナビゲーションシステムなど、できるだけ多くの機器の電源を切ることにしました。さらに、重力を利用し、絶妙のタイミングで最短軌道に突入させて地球に帰還させるべく、アポロ13号を、月上空のできるだけ低い位置で飛行させせました。

ここまでは成功したのですが、別の緊急問題が発生しました。メーターによると、3人の乗組員の呼吸によって、狭い空間内の二酸化炭素濃度がものすごい勢いで上昇していたのです。空気ろ過装置は3人分の呼吸を処理するのに十分な能力を有していませんでした。母船オデッセイには予備のフィルター部品がありましたが、その装着部分は四角形で、月着陸船のエアシリンダーの規格に合いませんでした。早急に代替物を見つけなければ、乗組員たちは二酸化炭素中毒を起こして死んでしまいます。一刻の猶予も許されません。

ヒューストンのNASAのエンジニアたちは死に物狂いで解決策を探しました。船内で手に入る材料で乗組員が簡単に作れるフィルター用の即席アダプターを考案することにすべてのエネルギーを注ぎました。最終的に、彼らは段ボール、ビニール袋、宇宙服のホース、ガムテープでできた即席アダプターを考え出しました。有人宇宙センターで簡単な試験を行ったのち、その「設計図」をアポロ13号に伝達しました。乗組員たちは、ヒューストンの指示にしたがってフィルター用アダプターを手作りし、取り付けることに成功しました。それから間もなく、二酸化炭素メーターが下がりアラームランプの点滅が止まったのを確認し、安堵しました。「あの『郵便受け』は見た目はともかく、良い仕事をした」と、後にラヴェルは著書『Lost Moon』(邦訳『アポロ13』)のなかで書いています。

4月17日、ひどく疲れ果てて衰弱したアポロ13号の乗組員たちは、無事に地球に帰還しました。こうして彼らの旅は終わったのです[1]。

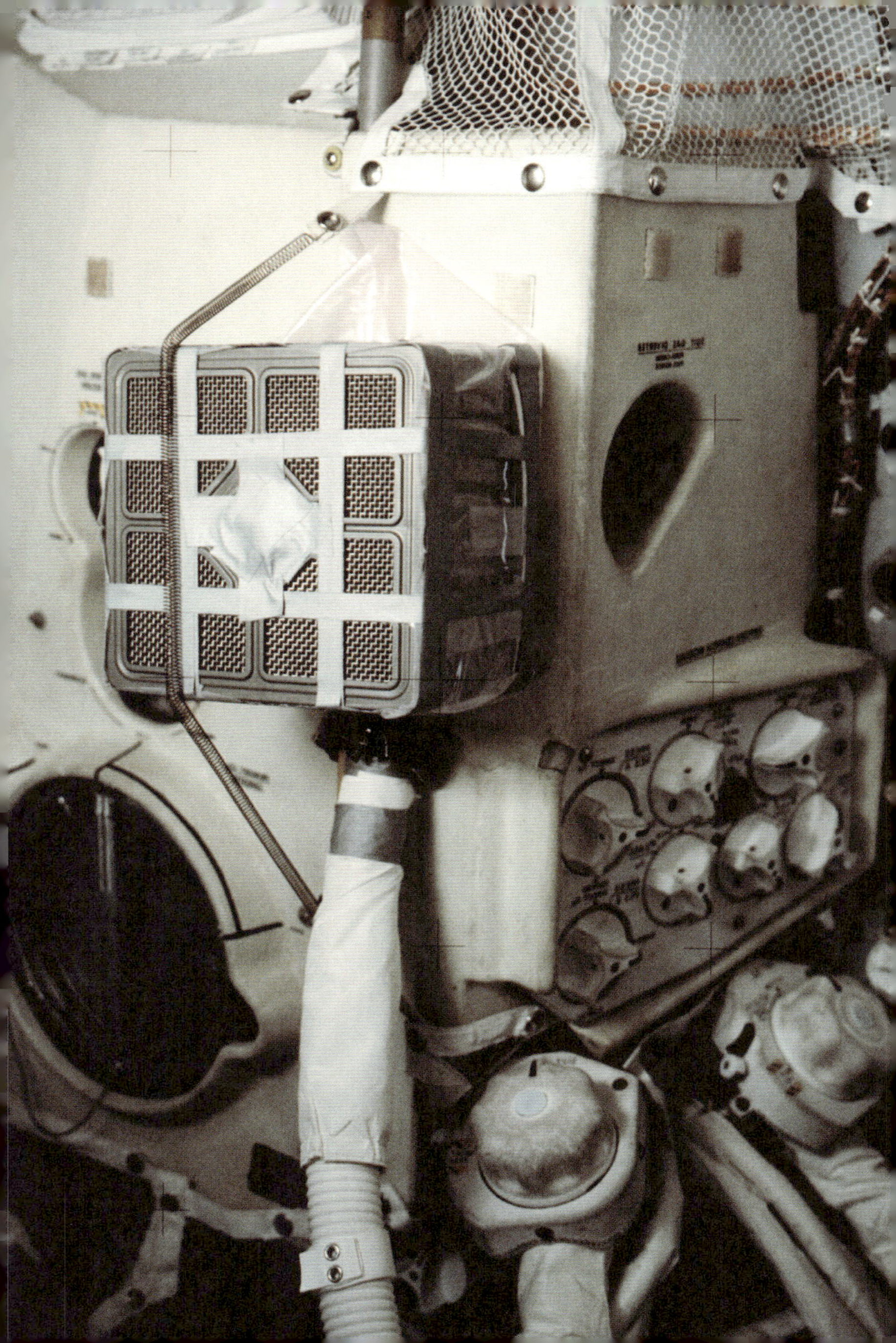

限定版

宇宙船オデッセイは閉鎖型システムの一例です。宇宙滞在中に乗組員に必要なものはすべてそろっていますが、同時に、何があってもそれだけで対処しなければなりません。何か問題が発生した場合、宇宙船内にある資源でしか解決できません。つまり、そこにない資源を外から補うことは決してできないのです。そして、失われた資源はアポロ13号の場合は酸素タンクだったわけですが、二度と戻ってくることはありません。このような物質の有限性は、あらゆる閉鎖型システムに見られるものです。それゆえ、物質は常に「限定版」のステータスを与えられているわけです。ですから、なくなれば、それでおしまいです。

地球もまた閉鎖型システムです。オランダの宇宙飛行士ウッボ・オッケルスがこの惑星を「宇宙船地球号」と呼んだのには、それだけの意味があります。彼は宇宙飛行士として、計り知れないほど暗い宇宙に囲まれた地球、そしてその美しさと限界、つまりは儚さも目の当たりにしました。私たちは、宇宙船とは比べ物にならないほど豊かで大きな世界に住んでいるため、その有限性を想像するのは難しいかもしれません。しかしながら、宇宙船オデッセイと宇宙船地球号の違いは、単にスケールの大きさだけです。宇宙船オデッセイは目に見える範囲内にあり、その限界について明確に理解することができますが、宇宙船地球号ははるか遠く離れたところにあります。あまりにも遠くにあるため、限界がないように思えるのです。しかし、無限であることと、ただ「広大な空間」であることの間には大きな違いがあります。

映画『トゥルーマン・ショー』[2]のジム・キャリーを思い浮かべてください。彼は、世界の一部しか再現していない巨大なスタジオにいたわけですが、世界は無限に広がっているように見えました。しばらくの間、彼が必要とする空間は、彼が利用できる空間と合致していたため、空間が無限であるという幻想を生み出していました。しかし、トゥルーマンがヨットで水平線に向かって航海しようと決めたとき、彼はスタジオの壁にぶつかってしまったのです。限界とは、文字通りあるいは比喩的に、限界に向かって航海したとき、ぶち当たって初めてその姿を現すものなのです。

物理的な境界の場合は、まだ戻ることができます。しかし、地球という閉鎖型システムのなかではそうはいきません。すべてが尽きる瞬間に到達して初めて自分がずっと閉鎖型システムのなかにいたことがわかっても、その時はもう手遅れです。失われたものは永遠に取り戻せません。そして私たちの船は永遠に燃え尽きるのです。

エネルギー、データ、知性

幸運にも、アポロ13号の乗組員は、無限に近い「非物質的資源」を味方につけていました。その一つは、人類の知性とデータです。私たちは、知性をもって情報を生成し、データによって世界を把握することができます。もう一つの味方は、地球上の生命の生存を可能にしている恒星のエネルギー、すなわち太陽です。太陽の寿命（核反応によってエネルギーが供給される期間）は、約１００億年と算定され、45億年以上も地球にエネルギーをもたらし続けています。私たちにとって、太陽は、無限に限りなく近いエネルギー源であるといえます。もともと太陽がなければ、地球上の生命は存在しえません。さらに地球が太陽のまわりを公転していることにより、有限なものを無限にしています。たとえば、リンゴの木は、日光の降り注ぐ春から夏にかけてリンゴを実らせ、秋から冬にかけては落葉し寒さのため休眠します。また春が来て、それを繰り返すのです。アポロ13号にとっても太陽エネルギーは不可欠なものであり、宇宙船に必要なエネルギーを供給しました。

宇宙船の救助活動で重要な役割を果たしたもう一つの「非物質的資源」は、有用なデータでした。すなわち、二酸化炭素メーターです。このメーターが、乗組員とヒューストンのチームに月着陸船内の空気の質に関するデータを提供しました。そのデータのおかげで、乗組員は空気中の二酸化炭素濃度が高くなりすぎる危険性にいち早く気づくことができたのでした。システムが限界

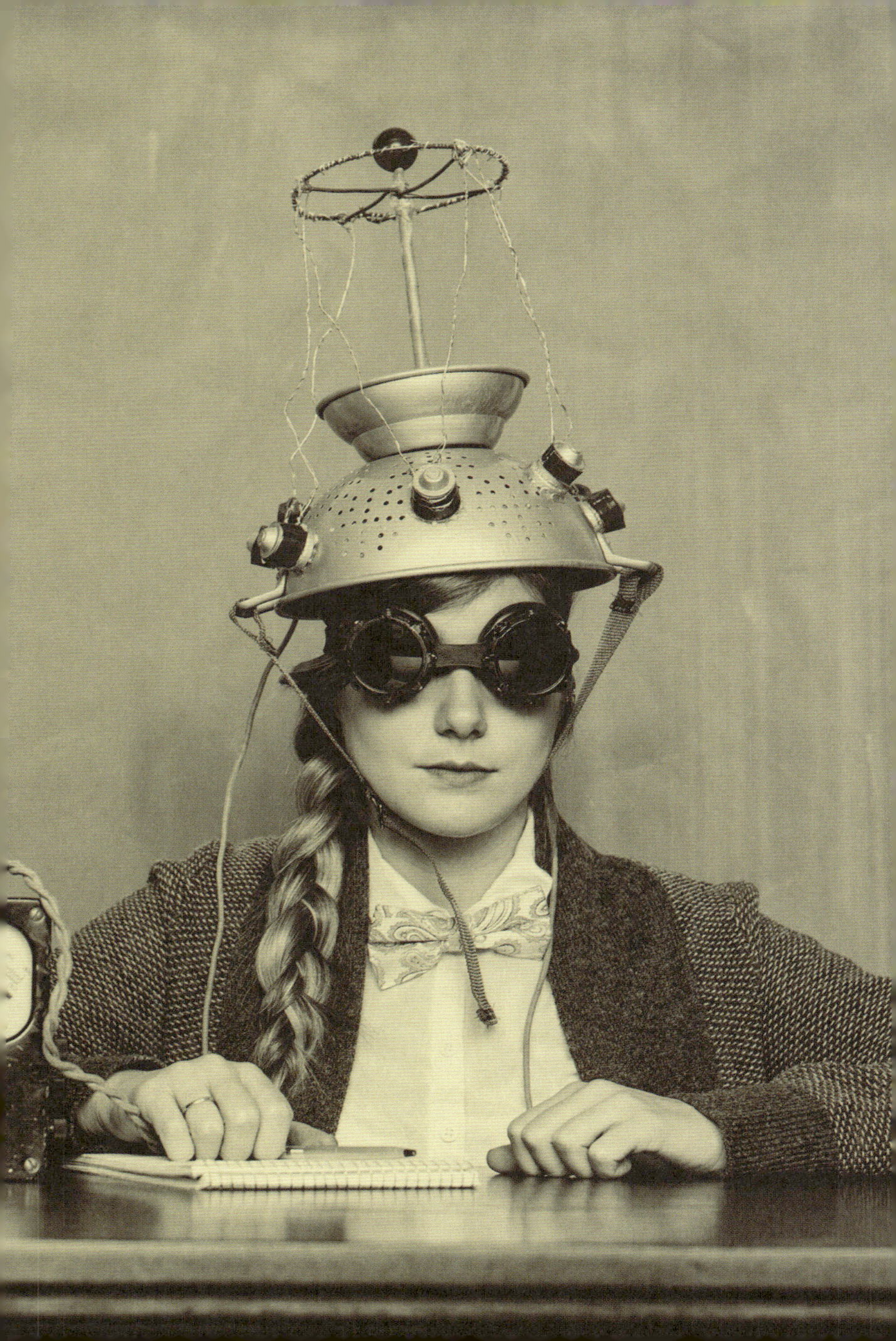

に到達する前に、データによってそれを明示することができます。データをもって、問題が「現実」のものとなる前に、その緊急性を察知することができたら、不幸中の幸いです。緊急の問題が現実のものとなってからでは、たいていの場合すでに手遅れです。

このように、データによって、形ある世界の目に見えない限界を知覚できます。しかし、データそのものは無力です。それを有効化できるのは、第3の非物質的資源である「知性」です。すなわち、私たちがデータを解釈し、そこから得た洞察を用いてタイムリーに進路を変えることができるのは、私たちの知性のおかげなのです。アポロ13号の脱出ルートを提供したのは、ヒューストンの聡明な頭脳の知性だったのです。

データと知性を組み合わせることで、さまざまな未来のシナリオを考え、ときには正確に計算し、シミュレーションすることさえできます。科学者グループは、1972年の時点で「成長の限界」を計算し[3]、メルボルン大学はその40年後に、このローマクラブの研究報告が現在の状況をほぼ完璧に予見していたことを確認しました。情けないことに、私たちはあらゆる知識を得ているにもかかわらず、決定的な行動がとれていません。気候変動問題、シリアやアフリカからの難民の流入、あるいはパンデミックの発生について考えてみましょう。これらすべての問題については、実際に「現実」となるずっと前から十分に知られていました。しかし、「予防」は、これまで私たちが得意とすることではありませんでした。19世紀後半からずっと、私たちが排出する二酸化炭素が気候変動の原因になっているのではないかという疑念がありました［4］。そしてこの疑念は、IPCC（気候変動に関する政府間パネル）をはじめとする機関の研究によって、事実として知られるようになりました［5］。

私たちは1世紀前から、このシステムの限界に関する情報を持っており、この間、地球の限界は認知されてきたわけです。もちろんそれらは、あくまでも可能性についてのシナリオにすぎず、あとになって初めて現実のものとなるわけですが、アポロ13号の例が示すように、私たちは情報やデータをもとに、着実に進路を変えることができるのです。

知性の素晴らしさは、それが私たちの身体とは異なるライフサイクルを持っていることです。身体は年齢を重ねるにつれて必然的に衰えていきますが、精神的には生涯成長し続けることができます。情報を交換し合うことにより、人類は、精神的に無限に成長できます。物理的には「有限」ですが、精神的には「無限」なのです。

この精神の無限性のおかげで、私たちは限りある素材を活用する方法を無限に考えることができます。これが宇宙船が無事帰還できた理由でもありました。段ボール、ビニール袋、ホース、ガムテープといった限りある物質的資源と、知性、データ、エネルギーといった無限の非物質的資源を組み合わせることで、決定的な結果が得られたのです。でなければ、アポロ13号の乗組員が地球を再び見ることはなかったでしょう。

アポロ13号の乗組員に起こったことは、宇宙船地球号の私たちにとっても同じことだといえます。私たちの物質的資源は限られていますが、非物質的資源(太陽エネルギー、データ、そして私たちの知性)があれば、私たちもまた、システムの限界に向かっている現在の進路を変えることができます。つまり、直線型経済における既存の物質的秩序(略奪社会)を、閉鎖型システムの容赦ない限界から、私たちを別の方向へと導く秩序へと変えることができるのです。しかし、そのためには、「できそう」なことではなく、必要であるからこそ行動しなければならないことをしっかり認識しなければなりません。国連の気候変動会議(COP)が、そのいい例です。同意されたのは、何が必要なのかではなく、「何が可能なのか」でした。気候変動のような深刻で脅威的な問題を前にしても、私たちがいまだに中途半端な対策をとっているのは、私たちの集団意識に真の変化がまだ起きていないからです。ここに問題の真の根源があります。それは、私たちの存在を根本的に可能にしているものに対する私たちの態度です。

すべてが等しく重要

閉鎖型システムのなかでは、すべての物質が限られているだけでなく、すべてが等しく重要です。

単純に、「すべて」が「すべて」に影響するからです。どんなに小さな歯車も重要であり、大きな変化を引き起こす可能性を持っています。システムは一体であり、そこには複雑できわめて大切なバランスがあります。

「各部分は全体を含み、各部分は他のすべての部分に依存している」[6]と、ベトナム生まれの米国人天体物理学者、チン・スアン・トゥアンは言っています。つまり、閉鎖型システムには独立した事象は存在しません。私たちは自分自身を、閉鎖型システムの一部としてではなく、たまたま地球に産み落とされたものとして見ているように、物事をシステムから独立した現象という観点から考えることに慣れていますが、自然界では本当の独立は存在しません。すべてはすべてにつながっているからです。

細かく見れば見るほど、私たちの世界は、相互作用する粒子からなる一つの大きな生態系であることが明白になります。したがって、いかなる境界も概念的なものにすぎません。「火山のまわりに境界線を引いて、この線の内側にある粒子だけがかかわっている、と言うことはできない。私たちの世界を構成する粒子は、そこらを這いまわるアリが人間が定めた財産の境界を尊重しないのと同じように、そのような境界線を尊重しないのだ」と認知科学者で作家のダグラス・ホフスタッターは書いています[7]。

つまり、その線は概念的なレベル、つまり私たちの頭のなかにしか存在しないものであって、自

然界には存在しないのです。私たちの地球は、すべてが相互につながっている一つの大きな閉鎖型システムであることを認識すれば、「重要なもの」から「重要でないもの」への段階的順位付けは、まったく意味をなさなくなります。有名な「バタフライ効果」を考えてみましょう。名門マサチューセッツ工科大学（MIT）教授などを歴任し米国の数学者であり気象学者であったエドワード・ローレンツによる造語です。ローレンツは大気に関する広範な研究を行いました。天候を予測しようとした彼は、コンピュータ・モデルにおいて、わずかな調整を加えるだけでまったく異なる結果が得られることを発見しました。この現象は、ローレンツが講演で、ブラジルで可憐な蝶が羽ばたけばテキサスで竜巻が起こる、と説明したもので、バタフライ効果として有名になりました[8]。

多くのテクノロジーについても同じことがいえます。スマートフォンから微小な部品を取り除くと、機能しなくなる可能性が高いでしょう。もしもこの部品がなくてもスマートフォンが問題なく機能するのであれば、その部品は存在する必要がないということになります。この点で、宇宙船のたとえが当てはまります。私たちはナビゲーションシステムのほうがガムテープよりも重要だと考えがちですが、アポロ13号の乗組員にとってはそうではありませんでした。どんなに小さくても、閉鎖型システムにおいては、各構成要素は全体に対して不可欠な役割を果たしており、なくてはならないものなのです。したがって、モノの真の価値は、一時的な人間のニーズをどれだけ満たせるかということや、特に需要と供給の経済法則によって付与される金銭的価値にあるのではなく、システム全体との関係性のなかに見出すことができるものなのです。

お金は食べられない

閉鎖型システムのなかでは、すべてのものは有限であり、等しく重要であるため、すべて同等の注意と配慮を払って保護されなければなりません。しかし、人間にとって、これを理解することは容易ではありません。私たちは頭のなかで、物事をある優先順位にしたがって処理しがちです。しかしその優先順位が決して正しいとは限りません。その優先順位は、私たちの慣れ親しんだ環境のなかで生まれる関心事が作り出すものであり、私たちの存在に不可欠なものが身近であればあるほど、その重要性が見えなくなりがちです。

現在の社会では、経済的利益の創出に大きな価値が置かれています。それもそのはず、資本主義システムにおいては、利益の絶え間ない創出と再投資こそが経済成長を保証し、具体的で物質的な利益につながるとされているからです。

そのうえ、貨幣は腐ったり消費されたりすることがなく、直接的に物質的な豊かさをもたらしてくれる商品に比べて、ずっと長く価値を保つことができます。資本主義の「創始者」であるアダム・

スミスは、『国富論』の中で、「ある年にある商品が有り余るほどあった国が、1年後には同じ商品の極度な不足に陥る危険性がある」[9]と書いています。

このようなシステムのなかでは、金銭的利益を、それが生み出し表象する直接的な物質的富と同等、あるいはそれ以上のものであると考えたくなる誘惑にかられます。しかし、貨幣に価値を与える象徴的な慣行の外では、お金は単なる紙と金属にすぎないのです。あるいは、実際のところ、紙や金属ですらありません。経済学者の推定によれば、現在、世界の貨幣の約92%はデジタル化されており、コンピュータ上の数字の羅列にすぎません。

経済危機に見舞われても、貨幣が持つ象徴的意味以外のことは何も変わりません。資源の量が変わるわけでもなく、労働力やその他の生産手段の量も変わりません。にもかかわらず、1年の間に、不況は何百万人もの人々を貧困に追い込み、人々は容赦ない物質的な苦しみを経験しなければなりません。そのため、目先の物質的豊かさよりもお金を優先する傾向は理解できます。しかし、それが正しいとは言えないのです。

アメリカ先住民の古い格言にはこうあります。「最後の木が伐採され、最後の魚が食べられ、最後の小川が汚染されたとき、人はお金が食べられないことに気づくだろう」。

さらに、所得格差の拡大は、たとえ経済成長が続いたとしても、社会全体の幸福度を最終的に下げる社会経済的問題を引き起こします。

欲求の階層

1943年、米国の心理学者アブラハム・マズローは、「マズローのピラミッド」として知られるようになる、人間の普遍的な欲求と呼ばれるものを階層的に位置づけた理論を発表しました。マズローの理論によれば、人間は下位の欲求が事実上満たされて、初めて上位の欲求を満たそうとします[10]。

ピラミッドの最下層には、私たちの生活を可能にする最も基本的なものである酸素、栄養、水、暖かさといった生理的欲求があります。次に、安心と安全の欲求、社会的ふれあいの欲求、感謝と承認の欲求、そして最後に自己実現の欲求と続きます。

先進国の人々は、ピラミッドの最下層が満たされていることに慣れているため、彼らの生活がピラミッドの底辺の状況に完全に依存していることを見落としがちです。その結果、快適さの代償として、自然をはじめとするものを犠牲にしてきたことにもほとんど気づかないのです。

「文明は常に、野蛮から24時間と2食しか離れていない」と英国のSF作家ニール・ゲイマンは書いています[11]。ピラミッドの最下層が崩れれば、ピラミッド全体が崩壊します。さらに、先進国社会においては、通常、安全や安定、社会的受容といった欲求を物質的な方法で満たしています。

私たちは今、お金やガジェット、最新のファッション、もっと大きな自動車、昇進、社会的地位、承認など、ピラミッドの頂点にあるような抽象的な要求を求めて日々がんばっています。しかし、それが可能なのは、最も重要な基本のニーズが十分に満たされているからにほかなりません。そして、その基盤がなければ今日の私たちの人生を充実させているものは、一瞬にして意味を失います。私たちの社会やメディアが、地球の急進行する問題により大きな関心を向け始めているにもかかわらず、こうした不都合な真実を無視する私たちの能力も、それに並行して進展しているように思えます。これも驚くべきことではありません。閉鎖型システムの限界に到達するという問題は、多くの研究で明らかになっているように、私たちの脳が苦手とする問題です。「『遠い将来に被るかもしれない損失』を避けるために、『今、犠牲を払うこと』を要求する先の問題。この組み合わせは、私たちにとって特に受け入れがたいものである」[12]と、イスラエルの心理学者ダニエル・カーネマンは説明します。

しかし、もし私たちが今、自らの生活様式を変えなくても、いずれは変えられてしまうのです。それもずっと受け入れがたいかたちで。

私たち自身のオデッセイ

利益と短期的成果を追求し、それによって私たちの生存を可能にしてくれている大前提を破壊する経済モデルは、まったくもって非合理的です。それなのに私たちといえば、ピラミッドの頂点に座って、生活にともなう不安や懸念に対処しながら、このモデルを永続させているのです。

それは悲劇です。私たちが欲求ピラミッドの階段を上れば上るほど、そのことがもたらす結末に対して目をつぶりがちになっていきます。私たちの生存を根源的なかたちで保証している閉鎖型システムは地球なのです。私たちはますます精神的なものを重視するようになり、その結果として、私たちが物理的な存在であり、有限で物理的な環境に完全に依存していることを忘れてしまっているのです。

知性を活かすことで、閉鎖型システムの限界に達することを避けることができます。しかしそのためには、私たちは団結しなければなりません。何に注力するかを決めることで、有限な物質的世界の形の大部分を自らの手で築くことができます。しかし、もしこの閉鎖型システムに関する知識が私たちの意識に浸透しなければ、状況は変わりそうにありません。そして、いつか手遅れになるでしょう。

このことを認識したとき、私たちはようやく精神的資源を活用し、急速にシステムの限界に向かいつつある自らのオデッセイを終わらせることができます。このシナリオの最も恐ろしい側面は、閉鎖型システムのなかでは「再建」が不可能だという事実です。いったん限界に達すると、やり直しがききません。

いったん失ったら取り戻すことはできないのです。

「人間の存在は、われわれが『宇宙』と呼ぶ全体の一部であり、それは時間と空間において限られた一部である」

——アルベルト・アインシュタイン

第4章 永続的な一時性

私たちの存在はきわめて一時的なものだが、私たちの行動によって、私たちよりもはるかに長続きする因果の「連鎖」が引き起こされる。一時的なニーズと、私たちの意思決定がもたらす結果との間に、新たなバランスを見出すにはどうすればいいのだろうか？

約5000年前の古代エジプト帝国の第3王朝と第4王朝は、巨大な経済的繁栄と安定を特徴としていました。エジプトの王ファラオは社会的に特別な地位にあり、古代エジプト人にとって、人間の姿をした神でした。その超人間的な役割は、存命中だけでなく、死後においても重要でした。そのため、君主の埋葬地の準備は、重要な仕事であり、王の存命中から始められていました。

古代エジプト人は、王は死後の世界でも生きられると信じていたため、遺体は丁重に扱われました。遺体は防腐処理され、ミイラ化され、ファラオが冥界を旅する際に必要となるすべてのもの（宝石、食料、必要な家具まで）とともに埋葬されました。

当初、エジプトの王は、上部が長方形の構造で、彫刻が施された荘厳な石の墓に埋葬されていました。これらのマスタバ（アラビア語で低いベンチ）は、今日知られているピラミッドの前身です。紀元前2630年ころ、ジェセルという王のために、最初の本格的なピラミッドがサッカラに建設されました。彼の墓は通常のマスタバとして建築され始めましたが、イムホテプという神官であり治療者でもあった建築家によって、王の生命の永遠性を物理的に象徴する非常に野心的なプロジェクトへと発展したのです。

20年近く続いたジェセルの治世のあいだに、高さ62メートルの6層の石造りの建造物が出現しました。この最初の階段ピラミッドは、当時史上最大の高さを誇る建造物となりました。それ以来「ピラミッドに埋葬される」ことがエジプトの歴代王の規範となり、その後のピラミッドはより大きく、より荘厳なものとなっていきました[1]。

偉大なエジプト帝国が崩壊してから数千年経った今でも、エジプトのあちこちでその規範の成果を鑑賞することができます。ピラミッドを目指す観光客でいっぱいのバスが、毎日カイロを出発していきます。そしてあまり想像することはないでしょうが、首都のどこかのオフィスでは、公務員が日々ジェセルとその後継者たちの墓のメンテナンスにいそしんでいるのです。

一時的な存在

この例がよく示しているのは、存在の一時性と行動の結果の永続性とのあいだの乖離《かいり》です。ジェセル王の生涯が、私たちの誰よりも長かったわけではありません。むしろ、私たちよりも短命だったでしょう。半神といえども、当時は40歳そこそこまでしか生きられなかったのですから。

しかし、５０００年前にこのファラオが下した意思決定は、今も毎日、実質的かつ物質的な結果をもたらしています。彼の決定、そして彼のあとに続くファラオたちの決定は、今日まで続く因果の連鎖を引き起こしました。そして、これからもずっと続くでしょう。

私たちの「存在」も一時的なものです。一人残らず、いつかは宇宙船地球号を去ります。例外は（今

のところ）ありません。私たちの地球での滞在期間はどんどん長くなりますが、その有限性から逃れることはできません。そして、私たちの「存在」だけが一時的なのではなく、この本を書くために使っているノートパソコンも、飛行機も、椅子も、建物も、クルマも、つまり、あらゆる形態の「存在」は一時的です。つまり、一時性とは存在の本質的な特性であるといえます。存在するもので永遠なものは何もありません。有限性が、地球の「物理的資源」の根本的特徴であるように、「一時性」は「存在」というシステムの根本的な特徴なのです。

しかし、私たちが自分自身の一時性、ひいては私たちのニーズの一時性にすでに気づいているとしても、経済システムを構築する方法においては、それを考慮にまったく入れてはいません。その逆です。廃棄された携帯電話機、ノートパソコン、タブレット端末、テレビを見てみましょう。第2章で述べたように、「世界の電子ごみモニター2020」によれば、2019年には過去最高の5360万トンの電子ごみが発生し、そのうち回収されリサイクルされたのは20％未満でした[2]。これらの機器は、一時的な存在の一時的なニーズを満たすために生産されたものです。その一時的なニーズがなくなると、デバイスは電子ごみとなり、地球環境問題の一因となります。「世界の電子ごみモニター2022」が示しているように、この問題は悪化の一途をたどっています。現在予測されている2030年の電子ごみの量は7470万トン、2050年の予測は1億1000万トンです[3]。電子ごみには、金、銀、アルミニウム、パラジウムなどの貴重な希少資源が数百億個含まれていますが、回収されるのはそのうちのごく一部であり、そのほとんどは永遠に失われてしまうのです。

マッキンゼーとエレン・マッカーサー財団の調査によれば、これらの製品の多くは、1回の使用サイクルを経ただけで、その原材料価値の95％を失っています[4]。この価値の損失分はGDP（国内総生産）には反映されず、反映されるのは短期的な生産によって生み出される経済価値だけです。つまり、事実上、私たちは文字通りどんどん貧しくなっていくのです。

現在、産業界で使用されている素材のうち、リサイクルされているのはほんの一部です。貴重な資源がすべてリサイクルできるというシナリオでは、資源の価値は維持され、資源がのちに回収されることが設計段階で保証されています。したがって、節約できる金額は驚異的なものになるでしょう。

一時的なニーズ

私たちは決して、別の行動ができないわけではありません。実際に、物質的要求が一時的なものであることを考慮しているケースはたくさんあります。必要とするものが一時的であることを意識すればするほど、よりよく考えるようになります。一時的なニーズを満たすために下した決定が永続的な結果をもたらす、という事実にすぐに直面するからです。

キャンプに行くとき、非常に重いソファやコーヒーメーカー、36点フルセットの食器類は持っていきません。それは単純に現実的ではありません。これらのものが永続的（重く、したがって場所に縛られる）であるという特性は、休暇にともなう一時的なニーズとは相容れないからです。ですから、ズボンは3組、ジャンパーが2着、シャツが5枚で、下着は1週間分、洗剤は洗濯2回分、一瞬で撤去できるテント、手軽な折りたたみ椅子、3週間分のシャンプーとシャワージェルが入った小瓶のセットなど、慎重に量を決めて持っていきます。言い換えれば、ニーズの一時性にしっかりとしたがって、行動しているわけです。その結果、クルマの中にスペースがないからといって、ソファをキャンプ場に置き去りにする（そのため家で新しいものを買う）必要もなく、軽量椅子をまた折りたたんでおけば、別の休暇にも利用できます。結局のところ、間違った決断がもたらす結果は自分自身が負わなくてはならないので、結果が現れるまでの時間が短い場合には、自分の行動とその結果との関連性について誤解することはありません。

私たちは、ひと昔前は休暇に持っていく本を熟考の末に選んでいました。何しろ、母国語が通じない休暇先では、本もまた閉鎖型システムだったのですから。持ってきた本のほかには、母国語の本を手に入れることができなかったわけです。今では、タブレットや電子書籍リーダーを持参するだけで、読みたい本のほとんどにアクセスできます。

私たちの決定によって始まる因果の連鎖のどこまで責任を負うかについては、それぞれの文化によって違いが見られます。現代の西洋文化においては、因果の連鎖を先まで追跡しない心理的傾向が支配的な慣習となっています。これは生活環境に対して破壊的であるだけではなく、キャンプにソファを持っていくのと同じぐらい非現実的です。つい最近まで、私たちは、自分たちが作り出した世界があまりにも複雑化したために、自らの決定の結果を長期にわたって追跡することができなくなった、という敗北主義的な態度を貫くことができたかもしれません。つまり、私たちはもはや、自然と調和して生きていたアメリカ大陸の先住民のような大昔の単純な世界には住んでおらず、私たちの一つひとつの決定が引き起こす原因と結果の因果関係は、ほかの人々の決断と複雑に絡み合い、誰が何に責任を負っているのかがわからなくなっている、という理屈です。

この考え方は、私たちのもう一つの心理的弱点を突いています。自分の行動と他人の行動を区別するのが難しくなると、結果にこだわって自ら努力をしようという意欲が薄れてしまうのです。社会心理学では、この現象を「社会的手抜き」と呼んでいます。しかし近年は高度な技術の発展によって、行動の結果の影響や責任の所在を見えやすくすることができるようになっています。

閉鎖型システムにおいて境界を変更する方法は二つあります。

1・事前に、必要なものは何か、どのぐらいの期間それが必要なのかを自問し、それに応じて行動を調整する。

2・以前は物理的（つまり有限）であったものを、テクノロジーとデータによって非物質的（つまり無限に利用可能）にする。

どちらの方法も、有限の物質的資源が単に失われるのではなく、永久に利用可能であり続けることを保証できます。

一時的、変化性、未知——一時性の種類

ニーズの一時性についてよく理解するには、三つの異なるタイプのニーズの違いを認識する必要があります。

まず最初は、３週間のキャンプ場での休暇や４日間のフェスティバル、昼のピクニックなど、あらかじめ決められた期間にともなうニーズです。このようなかたちの一時性は、正確な所要時間を把握することができ、それにしたがって準備を進められるという特性があります。これを「計算可能な一時性」と表現することもできます。

一時的なニーズのもう一つの種類は、変化性のニーズです。ニーズそのものは長い間持続します

が、その性質は少しずつ変化します。例として、子ども用自転車を考えてみましょう。子どもはまず三輪車に乗り、次に補助輪付きの小さな自転車に乗り、それから補助輪付きの少し大きな自転車に乗り、さらに補助輪なしの自転車に乗り、その次は少し大きなモデルの自転車に乗ります。ニーズは総じて変化しませんが、子どもが成長し、変化するにつれて、そのニーズを満たす方法が変わっていきます。

こういったかたちの一時性は、イノベーションやマーケティングによって製品の背景が変化したときにも生じます。この場合も、ニーズは同じで、満たされる手段が変わるだけです。たとえば電話があります。「遠隔地とのコミュニケーション」という世界的なニーズは1世紀前から変わっていませんが、そのニーズを満たす手段はその間、何度も変貌を遂げてきました。当初は本物の技術革新がその原動力でしたが、今では巧妙なマーケティングで、最小限の調整を真の革命であるかのように誇張することによって、操作されています。より高品質のカメラ、ほんの少し長持ちするバッテリー、より美しい画面。「流行遅れになるように設計されている」収益モデルもまた、このような一時性を利用しています。実際、ファッション・サイクルの影響により、製品とそれが象徴するものとの関係はきわめて一時的なものであり、特定の製品に対するニーズもまた極端に一時的なものとなっています。たとえ根本的なニーズがもっと長期的なものであったとしても。

一時的なニーズの第三のかたち（そして最も一般的なもの）は、一時的であることは認識しているが、そのニーズがいつまで続くのか正確にはわからないという事実によって特徴づけられるものです。私たちはこのような一時性を「計算不可能な一時性」と呼ぶことができます。

たとえば、私たちは自分の命に限りがあることを知っています。同じく、家、衣服、台所用品など、私たちが自分自身を支えるために使っているものは、いつかは必要なくなるということも知っています。また、現在、ピカピカの新本社ビルを建設中の企業も、いつかはそこに存在しなくなるか、もっと小さなビルあるいはもっと大きなビルが突然必要になるような事業再編を行うかもしれません。ただ、それがいつかはわかりません。知ることもできません。

有限物の無限利用

お気に入りのキャンプ場でキャンプをするたびに新しい家を建てて、夏の終わりにその土地に残していくとしたらどうなるでしょう。私たちが去ったあと、その家は徐々に荒廃し、建設に使った素材は無駄になり、キャンプ場の所有者はすぐに廃墟を抱えることになるでしょう。それがどれほど非現実的なことかは、想像に難くありません。それにもかかわらず私たちは、一時的な要求を満たすために、のちに撤去する方法について考えることもなく限りある資源を使って建物を建設し、それとまったく同じことをしているのです。そんな必要はないのです。建物の建設にも、簡易テントと同じように、実用的な事前計画を立てることは完全に可能なのです。

移動遊園地の経営者を思い浮かべてください。彼は、3日後にはすべてを解体し、別の場所で作り直さなければならないことを考慮しています。アトラクションのすべての部品は、計算可能な一時性に対処しています。何一つ失われないように注意深く設計されています。そうでなければ、毎週末に交換部品を買わなければならず、一向に採算が取れないからです。移動遊園地の経営者は不動産業を営んでいるわけではないのです。それは、むしろ移動産業です。

私たちはそこから学ぶことができます。あらゆる「存在」の形態が一時的であるならば、不動産は決して存在してはならず、存在してもよいのは移動産だけのはずです。もっと言うと、あらゆる「存在」の形態が一時的なものである以上、「不動産」は実際には存在しません。エジプトのピラミッドのような存在時間が長い建物と、キャンプ場のテントのような存在時間が短い建物があるだけです。

しかし、「移動産」という言葉は辞書にはありません。つまりこれはまったく新しい考え方であり、したがって新しい用語を必要とするのです。「移動産」はきわめて重要な鍵となるコンセプトです。私たちのビジョンでは、製品や部品、素材が将来どうなるかを事前に考えることなしに生産することは過去のものなのです。建材をどのように解体できるかを事前に考えることなしに、建

物が建てられることは今後一切ありません。事前にすべての棚卸しを行い、書き留め、記録しなければなりません。そうして初めて、有限物の利用が無限に保証されるのです。

経済の設計にあたって、ニーズの一時性と同時に行動の永続的な結果を考慮に入れることにより、閉鎖型システムのなかの本来は有限であった資源を無限に利用可能にすることができます。そのために必要なのは、事後ではなく、事前に考えることに意識を向けることです。

バック・トゥ・ザ・フューチャー

直線型経済システムにおいて私たちは、貴重で希少な資源を、二度と目にすることがないことを十分に承知のうえで、当たり前のようにどぶに流しています。この慣行の指針となっている原則は、私たちの一時的なニーズと欲求を満たすことであり、その一時的な性質は、これらの行動がもたらす結果の長期的な性質とは、あまりにも不釣り合いといえます。

未来は誰も見たことがありません。私たちの予測にも限界があります。たとえば、かつては、まったく違う未来が予測されていました。今の世界がどうなっているのか、私たちが何をしているのか、25年前には誰も想像できませんでした。2000年代に入る直前、番組制作者兼カメラマンのフランス・ブロメットがアムステルダムで、携帯電話の有用性について通行人に尋ねました[5]。多くの人が「すでに普通の電話を持っているのに、なぜ携帯電話が必要なのか」と答え、そんなものが必要になると想像できる人はほとんどいませんでした。デロイト（世界四大会計事務所の一つ）の調査によると、現在、人々は一日に平均75回スマートフォンを見ていて、日本人の96％がスマートフォンを所有しています[6]。今となってはスマートフォンのない世界は考えられません。２０１４年以降、地球上には人間よりも多くの携帯電話機が存在しています。

しかし、スマートフォンさえも一時的な現象に過ぎず、今後はおそらく、より「スマート」なデバイス、つまり、持つ必要がなく、常に充電する必要のないものに取って代わられるだろうと専門家たちは考えています。ドイツテレコムのクラウディア・ネマット最高技術責任者は、いくつかのインタビューで、スマートフォンは10年以内に博物館のオブジェになるだろうと予測しています。「今はまだスマホの翻訳アプリを使っていますが、近い将来、会話中に耳元で同時通訳をささやくイヤホンを使えばいいだけになるでしょう。スマートフォンのような機能は、衣服などほかの物にも組み込まれるようになるでしょう」。

スマートフォンの生産に関連する莫大な環境コスト、たとえば何十億年もかけて作られた手に入りにくい希少な資源を大量に使用していることを考えれば、スマートフォンの終焉《しゅうえん》が迫っているといった予測はさらに衝撃的です。たった数十年しか人類の歴史に貢献しないデバイスのために、あれだけの資源を使うのです。私たち自身の近視眼的行動のせいで、その資源を使ってできたかもしれないほかのすべてのことが不可能になってしまうのです。

同時に、私たちの未来予測というのは、空想をめぐらす未来の時代よりも、予測をしている現在の時代について多くを語っているものなのです。予想は常に変化しています。新しい技術が発明されるたびに、人々はまったく異なるシナリオを想像します。技術の発展は社会規範を変え、その逆もまた然りです。社会の発展(イデオロギー的なものであれ、経済的なものであれ、人口統計学的なものであれ)は、技術開発の重点に影響を与えます。つまり、将来の技術的な可能性については十分な情報を得たうえで予測することができても、実際にどの可能性が実現し、それが私たちの日常生活にどのような影響を与えるか、を予測することは難しいのです。

YouTubeには、「未来のキッチン」がどのようなものになるかを予測した1950年代のビデオがいくつも投稿されています。主婦がわずかに手を動かすだけでキッチンのキャビネットを開け、画面上で食事メニューを選び、あちこちのボタンを押すと、夫が仕事から帰ってきてからほんの数分後には、豪華な夕食を夫に振る舞う、というものです。これらのビデオに登場する技術的予測は、今日の現実にかなり近いものでした。しかし、現在の私たちの世界は、未来的なキッチンで一日中ボタンを押し続ける、ウキウキした多くの主婦で構成されてはいません。技術により家事労働の効率が何倍にも高まったことで、多くの女性たちがその空いた時間を使って自分の仕事を持つようになり、その結果、男女の役割は完全に変わったのです[7]。

将来を考えた選択

未来を知らない者ができることはただ一つ。それは将来を考えた選択です。その選択を生み出すニーズが一時的なものであることを理解したうえで、行動を取るべきだという意味です。どんな選択にも終わりがあることを意識するのです。たとえその終わりがいつになるか正確にはわからないとしても。

閉鎖型システムにおいては、私たちが使用したすべてのものを将来良好な状態で回収し、その回収物を使って新たな選択が可能となるようにする必要があります。それは、未来の未来への選択を作り出すことです。そうしなければ、現在の私たちの選択が、未来の世代のニーズの妨げになるかもしれないのです。もちろん、未来の世代のニーズが何であるかはまだわかりません。誰にもわかりません。私たちの状況は、最後の日が決まっていない旅にたとえられます。旅が一時的なものであることはわかっていますが、それがいつまで続くのかはわかりません。今ある情報を最大限に活用するしかないのです。

私たちの行動は、私たちの「存在」を可能にしているすべてのものに対する意識を反映しています。エジプト人の意識は死後の世界にまで及んでおり、その意識の具体的な証拠は、今でも私たちの世界の一部になっています。なんと次の7世代への影響を常に考慮して行動するアメリカ先住民の部族もいます[8]。その意識は、資源を永遠に利用できるように保ち、自然との調和のとれた共存をもたらします。

むしろ、私たちの経済活動は意識の欠如を反映したものといえます。私たちは、資源の有限性と私たちの「存在」の一時性をまったく考慮していません。しかし、現在普及している直線型経済システムの影響は甚大であり、私たちはもはやこのような「意識」の欠如を許容することはできません。私たちの存在が一時的な旅にすぎないことを自覚することができれば、私たちはその意識に合わせて行動を調整することができます。しかし、このことに気づかなければ、事態はいつまで経っても変わらず、私たちや未来の世代の存在の可能性を奪ってしまうのです。

一時性を意識することで、私たちはできる限り万端に「旅」の準備をすることができます。どれくらいの期間留守にするのか、途中で何が必要になるのかなど、正確にはわからないことを念頭に置いてですが。これを実現する最善の方法は、あらゆるものを常備しておくことです。備えあれば憂いなし。そうすれば、私たちの経済システムは、「存在」の原則である「一時性」と、閉鎖型システムの原則である「物理的有限性」にぴったり合致することになります。

自分の視野の限界を認識することがすべての知恵の始まりです。「私が賢明であることを知っている。なぜなら私が何も知らないことを知っているからである」と、2500年前にソクラテスは言いました。この名言を、現状に当てはめてみましょう。「私が未来を考慮することを知っているのは、私が未来を知らないことを知っているからである」。

直線型経済から循環型経済へ

「今日の製品は、明日の資源になるべきである、それも昨日の価格で」[9]。スイスの建築家であり、プロダクト・ライフ研究所の創設者でもあるワルター・シュタールは、循環型経済の思想的父であり創始者とみなされています。彼自身はパフォーマンス・エコノミー（成果型経済）という言葉を好んで使っていました。シュタールは、1976年に欧州委員会に提出した「エネルギーの代替としての人力の可能性」と題する報告書のなかで、修理によって製品の寿命を延ばし、製品をサービスとして販売することを目的としたシステムが、いかに雇用の創出と経済的価値の維持につながるかを示しました[10]。これによって、シュタールは循環型経済の基本的な考え方を確立しました。2018年にジュネーブを訪れたシュタールは、彼の経済ビジョンとこれまでの仕事について私たちに語ってくれました。彼は、循環型経済は円の経済であるべきだと強調し、そのなかで素材は企業内だけでなく、企業間でも循環させることができるはずだと述べました。そうすることでしか、資源の長期的な保全は確保できないからです。

近年になってシュタールの考え方が広く認知され、影響力を持つようになったとはいえ、製品や建築物の設計・製造方法に関しては、まだ主流派として認識されていません。もし、シュタールの欧州委員会への報告書が発表された時点で、私たちがテレビから超高層ビルまで、製品を単なる製品ではなく資源の貯蔵庫とするような設計を始めていたとしたら、私たちは今、すべての資源を再び「収穫」し、別の目的に使用することができていたはずです。同様に、何十億台もある不要になったスマートフォンを解体し、その素材を使ってスマートフォンの後継機種を製造することができるでしょう。

一時的なニーズが時を経て永続的な結果をもたらす、という認識を促進すること。それは、「略奪」社会を、何も失うことのない「収穫」社会へと変えるための第一歩です。

毎年、グローバル・フットプリント・ネットワークと呼ばれる団体が、人類がその年のいつ1年分の再生可能資源を使い果たしたかを算出し、その日をアース・オーバーシュート・デーと名づけています[11]。このアース・オーバーシュート・デーは年々早まっています。2018年は8月1日、2022年は7月28日でした。しかし、これはあくまで世界平均であり、各国の資源配分には大きなばらつきがあります。もし世界中のすべての人がオランダの人々と同じように暮らしているとしたら、２０２２年のこの日は4月12日になります。一方、エクアドルの人々と同じように暮らせば、この日は12月6日にならないと到来しません。発展途上国の人々の消費量は先進国の人々よりもはるかに少ないですが、先進国の人々のライフスタイルが生態系に及ぼす影響を大きく受けるのは、途上国の人々なのです。

ちなみに、使用後の素材を再利用するという考え方は、決して新しいものではありません。産業革命以前、資源を再利用することはごく普通のことでした。多くの古い建物は、家屋や別の教会を建てるために解体され、セメントに粉砕されることもありました。古い刀剣は、ほとんどが溶かされて、別のものに作り変えられています。考古学者は、このようにして多くの遺跡が消え去ったことを少し不満に思っているでしょうが。過去の文明と私たちの文明の違いは、私たちは技術の進歩による化学合成の結果、しばしば有毒で分解や溶融できない複雑な製品を作り出してしまったことです。２０００年以来、「人新世」と呼ばれる時代を研究する科学者たちの作業部会が設置されました。「人新世」とは、アルミニウム、プラスチック、コンクリートといった特徴的な物質の残骸から、地質学者がいつの日か特定できるであろう、現在の人類支配の時代です[12]。

人新世が公式に認識されるようになったのは２００８年からですが、この時代とその直線型経済がもたらす結末は、少なくとも１９８７年のブルントラント報告書「Our Common Future（我ら共有の未来)」や1992年のリオデジャネイロ国連会議以来、政治や社会全体の重要なトピックとなってきました[13]。それ以来、さまざまな科学者が、人新世がもたらす必然的な資源不足や生態系への影響を予測するモデルを開発してきました。

これらに取り組んだすべての人を十分に紹介するには、もう1冊本が必要でしょう。それでも特に何人か、私たち自身の仕事を通じて出会うことができた人たち、そして私たちが大きなインスピレーションを受けた人々を紹介したいと思います。彼らのほとんどは、私たちが何十年にもわたり持続可能で循環型のアイデアを追求してきた過程において出会った人たちです。その道のりを進むうちに、私たちと同じ答えを探している人々がほかにもいることを発見しました。

すでに紹介したスイス出身の建築家ワルター・シュタール以外にも、循環型経済の先駆者として重要な役割を果たしてきた思想家が何人かいます。ドイツ人の化学者マイケル・ブラウンガートと米国人の建築家ウィリアム・マクダナーは、人や自然に害を与えることなくリサイクルできるような製品を、デザインや化学成分の面から製造する方法について何十年も研究してきました。彼らのアプローチは、「廃棄物は食料である」という原則に集約されます。二人は、製品がライフサイクルを終えたあとは、「生物学的栄養素」か「技術的栄養素」のどちらかになるべきだと提案しました。生物学的栄養素とは、再び自然に戻され、そこで分解される物質であり、金属やプラスチックのような技術的栄養素は、産業界を循環し続けるべきであると。ブラウンガートとマクダナーは、このアプローチを「ゆりかごからゆりかごまで」と呼んでいます（直線型経済の別名である「ゆりかごから墓場まで」とは対照的に）。このアプローチにおいては、有害物質を避けることが大変重要になります。循環型経済をめぐるブラウンガートのおもな懸念は、人間や環境に有害な物質が無限の物質循環のなかに入り込む危険性があることです[14]。「ゆりかごからゆりかごまで」について特に素晴らしい点は、それが生み出す分野横断的なネットワークです。その設計原理は、ほとんどすべてのセクターに関連し、適用可能であることから、まったく異なる背景を持つ多様な役割を担う人々を結びつけます。その結果、この運動は、お互いにどれほどの恩恵を受けられるかを知ることのなかった企業や個人間のコラボレーションを促進することができました。「ゆりかごからゆりかごまで」は、目の前にある問題の複雑さを認識し、一次元的な答えでは決してうまくいかないことを認識するための基礎を築きました。分野横断的な認識こそが、真に総合的な解決策への不可欠な第一歩なのです。

米国の生物学者であり、バイオミミクリー（生物模倣）の創始者であるジャニン・ベニュスもまた、著者にとって重要なインスピレーションの源です。ベニュスは、自然の設計原理を画期的に理解しやすくし、工業プロセスに応用する方法を開拓しました。彼女の考えは、自然は私たちが直面する問題の多くをすでに解決しており、私たちの生活環境を解決策の巨大な図書館と考えるべきであり、そこから多くを学ぶことができるというものです。英国の建築家マイケル・ポーリンはこう言います。「自然は、38億年にわたる研究開発の恩恵を受けた製品カタログのようなものと考えられる。その投資額を考えれば、それを活用するのは論理的なことだ」[15]。

ドイツのヴッパータール気候環境エネルギー研究所は、経済学者、政策立案者、ビジネスリーダーの富の創出に関する考え方を変えるうえで大きな役割を果たしてきました。この研究所は、ドイツの科学者であり政治家でもあるエルンスト・ウルリッヒ・フォン・ワイツゼッカーのもと、1991年に活動を開始しました[16]。資源、気候、エネルギーの分野における課題と、それらが社会や経済とどのように相互作用するかについて研究しています。フォン・ワイツゼッカーは、研究所の調査成果にもとづく著書『ファクター5』のなかで、経済成長と資源の消費をいかに切り離すことができるかを示しています。

このような重要な取り組みやアイデアにもかかわらず、また過去数十年の間に蓄積された膨大な知識にもかかわらず、根本的な変革が急務であるという認識が企業や社会にまだ実際には浸透していないのは、驚くべきことです。たしかに持続可能性は話題となりましたが、それは新しい経済を創造するための根本的原則としてよりも、チェックリストやマーケティング手法のかたちで語られることが多いのです。

私たちがおおいに尊敬するサステナビリティの先駆者、ジョン・エルキントンは、25年も前に、企業の社会的、環境的、経済的影響を報告に組み込むための経営フレームワークとして、「トリプルボトムライン」を導入しました。このフレームワークは徐々に世界中の多くの大手企業に採用され、企業活動の方法を変えました。しかし数年前、エルキントンは『ハーバード・ビジネス・レビュー』誌において、その有名なフレームワークをリコール(撤回)することを発表し、注目を集めました。エルキントンは、自分の原則が一種のチェックリストとして機能することを意図したわけではなく、変革のための手段となることを意図したものだ、と主張したのです。彼は、私たちが地球の境界を超えないようにするための「急進的な意図」と、「未来の資本主義のための新しい遺伝子コード、すなわち経済、社会、生物圏を再生させる価値創造の三重らせん」を強く要求し、「私たち自身も含めた人間の心と精神を変えなければならない」としています[17]。

「フライデー・フォー・フューチャー」運動は、物事が正しい方向に向かっていることを示す最初の兆候ですが、根本的な変革が緊急に必要です。ほとんどの上場企業が最高サステナビリティ責任者(CSO)を設置しているにもかかわらず、サステナビリティはいまだにコスト効率の概念とほぼ同義であるとみなされているどころか、むしろ対極にあるものとみなされています。その結果、社会は、ビジネス界対環境保護主義者、ヒッピー対ヤッピーのように不必要に二分されています。その結果、この数十年間はほとんど変化が起こらず、社会は閉鎖型システムの限界に向かって漂流し続けているのです。

しかし、循環型経済という言葉の成功は、いくつかの希望に満ちた変化の兆しをもたらしていると感じられます。このような変化は、心や精神の変化によるものというほどではありませんが、より多くの企業が、持続可能で資源効率の高いモデルが持つ経済的可能性の大きさに気づき始めていることは確かでしょう。同時に、金融セクターも、資源不足がますます深刻化することにともなうリスクを認識しつつあるようです。

この飛躍的な前進は、おもに英国のセーリング家であり活動家でもあるエレン・マッカーサーの功績によるものです。彼女の財団は、循環型経済の莫大な経済的可能性を計算し、その実行可能性をケーススタディによって実証した報告書を最初に発表しました。経営コンサルティング会社のマッキンゼーが作成したこの報告書は、2012年にダボスで開催された世界経済フォーラムで発表されました。それ以来、エレン・マッカーサー財団は、循環型経済の理解と実践を目的とした数多くの大規模な研究プロジェクトや、企業、団体、科学者、政府機関の共同プロジェクトを促進してきました[18]。私たちの取り組みは、第5章で詳しく述べるように、循環型経済の利点を早い段階で証明した実践例であったことから、前述の報告書の発表に立ち会う栄光に浴しました。

もちろん、疑問は残ります。予測不可能で、気まぐれで、永久に変化し続けるこの世界を、どうすれば十分に把握できるのでしょうか? そして、収穫社会というビジョンのなかで、計算可能なニーズと、変化しやすく予測不可能なニーズを満たすにはどうすればいいのでしょうか? 政府の規制は今のところ十分な効果がなく、消費者が相対的に無力であることを考えれば、消費者から期待できることも大してありません。

つまり、収穫社会に至る道のりは、現在の経済システムにおける生産者から始めなければならないのです。しかし、「願いをかなえてもらうために人々の好意に訴えるな。人々が私利私欲に反する決断をしないことを信じるだけでいい」と16世紀のイタリアの政治哲学者マキャベリは主張しました。もし、閉鎖型システムにおける資源の保全と生産者の私利私欲を、どうにか調和させることができるとしたらどうでしょうか？　さらに、生産者自身がその決定の結果に責任を持つようになったらどうでしょうか？　そうすれば、現在の「略奪社会」ではなく、「収穫社会」の促進が、生産者の直接的な利益になるのです。ユートピア的に聞こえるかもしれませんが、このシナリオは手の届くところにあります。

では、どうしたらそこにたどりつくのでしょうか？　ゲームのルールを変えるだけでよいのです。

MUD JEANS
CIRCULAR
MUD JEANS

「いかなる権利も責任をともなう。
いかなる機会も義務をともなう。
いかなる所有も義務をともなう」

――ジョン・D・ロックフェラー

第5章 ゲームのルールを変える

最近、製品がサービスとして提供されることが増えてきた。
自分のものではないクルマを運転し、休暇中、他人の家に宿泊し、
膨大な音楽ライブラリーにアクセスして音楽を楽しむようになった。
しかし、こうした動きは直線型経済を根本的に変えるものではない。
真の変化のためには、どのようなルールが必要なのだろうか？

アムステルダムのKNSM島にある、かつて倉庫として使用されていた筆者の建築事務所RAUアーキテクツのオフィスは、20年近くを経てそろそろ新しい内装が必要となってきたので、2010年の春、改装することにしました。「ゆりかごからゆりかごまで」の理念に深く共感していたため、このデザイン理念を実践している企業を数社選びました。照明については、フィリップスに依頼しました。

同社の担当者が訪問してくる前日、私は自分のオフィスから外を眺めました。外には、廃棄されたセントラルヒーティングのボイラーが山積みになっていました。どうやら隣のビルに新しいテナントが入るようでした。お払い箱となった40～50台のボイラーの荒涼とした光景を目の当たりにして、私はとても悲しい気持ちになりました。私たちのオフィスは、1990年代初めにアムステルダムの東ドッククランド地域に進出した最初の企業の一つだったため、その地域の建物のほとんどの改修・改装に携わってきました。そして思ったのは、セントラルヒーティングのボイラーの寿命よりも長く私がここにいるなんて、そんなことがあり得るのだろうか、RAUアーキテクツがここを去るとき、私たちもまた、このような遺品の山を残さないようにするにはどうしたらいいのだろうか、ということでした。

その思いは私をとらえて離しませんでした。その翌日、忘れがたい人となったフィリップス・ライティングの営業担当ディレクターのエリック・ホイティンクが当オフィスのドアベルを鳴らしました。ドアを開けた私は、彼に対して、奇抜な提案をしたいのでランプをクルマに置いてきてもらうよう、頼みました。「実は」と私は説明を始めました。「私は高品質の照明がほしくて、それでフィリップスにたどり着いたんです。でも、ランプを所有したくはないんです。ほしいのは光だけなんです」。

彼は理解できない様子で私を見ました。私はもう一度言ってみました。「御社の通常のやり方だと、明かりを供給するために、いろんな洒落たランプを設置しますね。それで、御社がこちらに請求書を送ってきて、ランプは私の所有物になります。通常はそうなんですが、私は違うやり方にしたいのです。私が興味があるのは、製品ではなく性能なのです。つまり、300ルクス、年間約2000時間、それがRAUアーキテクツで必要な照明です。照明器具は御社の所有物のままで、私は光の対価を支払うだけであれば、フィリップスがどのように管理しようが私は気にしません。私がほしいのはサービスであって、製品ではないからです。光がほしいのであって、ランプがほしいのではないのです。極端に言えば、私はパフォーマンスがほしいのであって、仕組まれた問題はほしくないのです」。

少し戸惑いながらも、彼はまず上司に相談する必要があると言いました。あとで連絡があるだろうと思っていたら、30分後に彼はクルマから私に電話をかけてきました。「ラウさん、私はあなたのプランの内容を完全に理解しているとは思いませんが、この依頼は調査に値するほど十分に興味深いものだと感じています。どこに行き着くのかわかりませんが、私はそれに取り組むつもりです。

ただし当分の間、上司には内緒にしておくという条件付きで」。

数週間後、エリック・ホイティンクと照明コンサルタントが、希望する光量に必要なランプをすべて書き出した照明計画提案図を持って再びやって来ました。私は彼らに心から感謝し、「そこで、もう一つ」と言って続けました。「電気代ももちろんフィリップス持ちです。御社のランプは電気がないとつきません。いったんそう設計されてしまったからです。でも私が注文したのは光だけで、そのほかの何物でもありません。光を提供するために電気が必要なのは、御社の問題です。赤ワインか白ワインで光るようなランプをデザインしていただいても構わないのですよ」と。

彼は目に見えて動揺し、しばらくして「それでは状況が変わります」と答えました。それから少しして、彼は照明計画提案図についてデザイン部門ともう一度話し合い、新たな提案をすると言いました。

その結果どうなったでしょう？　設計者たちがこの新しい視点から「突き詰めて計算」した結果、より少ないランプで実現できるという結論に至りました。変わったのはランプの数だけではありません。フィリップスは、照明に必要なエネルギーを最小限に抑えるために、さまざまな技術的装置も考案しました。エネルギー代は彼ら持ちなのですから。

ホイティンクのチームと、当時フィリップスのエコビジョン・プログラムの責任者で、現在は同社のサステナビリティ・グローバル責任者であるロバート・メッツケとともに、私たちは包括的な

PHILIPS
turn
too

コンセプトを開発しました。最終的な結果は？　それも世界初の？　RAUアーキテクツはライト・アズ・ア・サービスの最初のユーザーとなったのです。そしてエネルギー消費量は44％以上削減されました。ここに新しい収益モデルが誕生したのです。すなわち、「ペイ・パー・ルクス（ルクス単位の支払い）」、つまり「ライト・アズ・ア・サービス（LaaS、明かりそのものを価値として提供するサービス）」です。現在、「サーキュラー・ライティング（循環型照明）」として、フィリップスによって世界的に推進されています[1]。

プロダクト・アズ・ア・サービス

この新しい「ゲームのルール」がもたらす莫大な影響を事前に想像することはできませんでしたが、当然このような結果を期待していました。旧来の収益モデルでは、私たちはランプを購入しなければならず、フィリップスにとってはランプの数が増えれば増えるほど自動的に収益が上がっていました。サービスの月額料金が決まっている新しい取り決めでは、フィリップスが投入するランプの数が少なければ少ないほど、同社の利益は増えるのです。

営業担当マネージャーは当初、何が起こったのか理解できませんでした。消費者に負わせるために作られたはずの問題が、そのままブーメランのようにフィリップス社に戻ってきたのです。旧モデルでは、白熱灯はできるだけ短時間しか点灯しないことが有利だったわけですが、今ではできるだけ長持ちさせることが重要になったのです。光源の交換が必要になったり、照明器具が壊れたりした場合には、フィリップスがその費用を負担するという契約になっているからです。その結果、エネルギーを大量に消費するハロゲンランプや蛍光灯、電球はオフィスに導入されませんでした。その代わりに、当時最もエネルギー効率が高い、モジュール式のLEDランプが取り付けられました。自分たちで購入しなければならなかったら、高額のためとても手が出なかったでしょう。こうして、RAUアーキテクツは最高の照明を手に入れたのです。ランプの寿命が延びれば延びるほど、フィリップスの利益も増えます。双方にとってメリットのある取引でした。

フィリップスだけでなく、ほかのサプライヤーにも私たちのアイデアを試してみました。「有言実行」をモットーに、RAUアーキテクツの事務所1000平方メートルは、「プロダクト・アズ・ア・サービス」(PaaS : Product as a Service) のコンセプトの実験場となりました。私たちは、カーペットメーカーのインターフェイスとデッソとは歩き時間について、家具メーカーのスチールケースとは座り時間とテーブル使用時間についての契約を結びました。このモデルの意義がこれらのメーカーに浸透するまでには時間がかかりました。当初、誰もが環境にやさしそうなリース契約で済まそうとしましたが、リース契約はまったく私たちの意図するところではありませんでした。私たちは誰とでも同様の契約を結びました。契約が終了すると、ランプ、カーペット、事務机や椅子は生産者のもとへ戻ります。

このコンセプトは大成功を収めました。私たちはたしかな手ごたえを感じました。ＲＡＵアーキテクツはすでに20年前から、建設業界に対して、存続していくためには長期的な責任をともに考える必要がある、と説得してきました。そして突然、私たちはその鍵を見つけたように思えました。それは、所有ではなく使用にもとづく新たな収益モデルであり、それゆえ、所有権とともに責任も生産者へ移行するものでした。生産者も熱心でした。数社から、この新しいモデルを一緒に考え、財務的な影響を明確にし、市場に投入してほしいと依頼されました。突然、新しい経済モデルの輪郭が浮かび始めたのです。これに独自の名称を与えようではないかということになり、２０１０年10月10日、「Turntoo《ターントゥ》」が誕生しました。

所有せずに使用

製品を所有せずに使用することは、今に始まったことではありません。家、事業所、自動車、自転車、宿泊施設、タキシード、道具などはその例です。一時的に使いたいだけの場合もあれば、購入する余裕がない（あるいは買いたくない）場合もあります。特にビジネスでは、クレーン車や乗用車からパソコンやプリンターに至るまで、使用する備品が会社の所有であることはほとんどありません。

これは「リース」または「レンタル」と呼ばれています。両方とも、Turntooが開発した「プロダクト・アズ・ア・サービス」モデルと同様に、消費者が製品の所有者とならずに、「一時的」に製品を所有するモデルです。しかし、このモデルとTurntooのモデルの違いはゲームのルールです。リースやレンタルでは、RAUアーキテクツとフィリップスのケースのような結果にはなりません。なぜならば、「力」と「責任」の不一致を解消しないからです。

そもそも、リースは融資モデルにすぎません。第二次世界大戦後、自動車などの高価な商品を購入する手段が不足していた経済状況下で、消費を促すために考え出され、導入されたものです。それ以来、リース文化というものが生まれ、金融というかたちで顧客を消費に誘う目的で、その仕組みを絶えず変化させながら発展してきました。Turntooモデルとの大きな違いは、リース期間中の製品の法的所有者は、「生産者」ではなくて「銀行」である点です。こうして所有権が生産者から金融機関に移り、「力」と「責任」が分離されるのです。結局のところ、消費者と同様に金融機関は製品がどのように作られるかに関して、なんら影響を及ぼすことができません。つまり、リースというゲームのルールは、直線型経済を根本的に変えるものではなく、むしろ、人々にできるだけ多くの消費をうながすことによって、実に直線型経済の弊害を促進するものなのです。

レンタルもまた違うものです。レンタル契約は、一般的に、生産者自身とユーザーの契約ではありません。生産者から製品を購入した事業者からユーザーがレンタルするという契約です。レンタカーといっても、トヨタや日産から直接自動車を借りたりするのではありません。ウェディングドレスやタキシードなども、衣料メーカーには行かず、衣装レンタルショップに行って借ります。言い換えれば、レンタル契約でも、「力」と「責任」が分離されているのです。もちろんレンタル会社は、頑丈でメンテナンスが少なく、長持ちする製品を購入する傾向があります。責任感からではなく、単にそれが収益モデルの一部だからです。しかし、それさえも実際には、直線型経済モデルの最適化、ひいてはそのモデルが引き起こす略奪社会の最適化にすぎません。

サービス化

製品ではなく、サービスだけを購入するのも目新しいことではありません。公共交通機関を利用する人なら誰もがすでにそれを普段から行っています。列車の切符や飛行機のチケットは単なる短期サービス契約であり、必要なエネルギーは常に料金に含まれています。これをいぶかる人はまずいません。それもそのはず、ニューヨークに行きたいからといって、飛行機をまるまる１機買う人がいるでしょうか？

図書館で本を借り、Spotifyで音楽を聴き、Netflixで映画やテレビドラマを観て、シェアサイクルで街を走ります。これらはすべて、サービスへの加入にもとづいています。これらのサービスによって満たされるニーズは変化しやすいため、それらを所有するために投資することは、単純に割に合わないのです。

加えて、以前は消費者の所有物であることが当然だった製品が、今ではますますサービスとして提供されるようになっています。特に20代から30代の人々は、所有することにあまり執着しなくなりつつあるようです。それは多くの場合、今日のように「柔軟」であるがゆえに不安定な労働市場によって強いられているともいえます。私たちの社会や生活はかつてないほど急速に変化しており、私たちの仕事はますますプロジェクトベースで組織化されるようになっています。そのため、ますます多くの人々が、楽しさや移動のしやすさ、住み心地のよさを望む一方で、自動車や家の負担や手入れ、責任は望んでいないのです。彼らが柔軟性や自由、選択を好むといった傾向に対して、企業は巧妙に対応しています。オリックスカーシェアは、自社の所有物ではないクルマを使って移動手段を手配し、Airbnb（エアビーアンドビー）は他人の家やアパートでの一時的な滞在の予約サービスを提供します。このようなサービスによる商品の共有は、しばしば「共有型経済（シェアリング・エコノミー）」、あるいは「すべてのもののUber（ウーバー）化」と表現されます。共有型経済は当初、資源をより効率的に利用する経済への一歩としてもてはやされましたが、現実にはすべての共有ソリューションがそうなる保証はありません。Airbnbの成功により、アムステルダム、ニューヨーク、パリなどの都市では住宅価格が高騰し、自治体は個人スペースの貸し出しに関する規則を強化せざるを得なくなりました。米国のあるコンサルティング会社の調査によると、UberやリンクスのようなサービスMは、米国の主要都市の交通量や渋滞を減少させるどころか、むしろ増加させているとしています[2]。

それでも、商品の販売からサービスの提供へのシフトはすでに起こっています。「サービス化」と呼ばれる展開です。しかし、手段を効率的に利用するという観点で重要な貢献をする場合があるものの、それによって製品そのものの作り方が変わることはなく、製品の販売方法が変わるだけです。この意味で、「サービス化」は新しい消費形態への明確な需要があることを示してはいますが、実際のところ、現在の経済モデルの最適化に貢献しているにすぎず、実質的な変化にはまったくつながっていないのです。

使用しても消耗しない

では、「Turntooモデルは何が根本的に違うのでしょうか？　なぜこのモデルが直線型システムを「最適化する」のではなく、「変容させる」決め手になるのでしょうか？

答えはすでに述べた通り、Turntooモデルは、「力」と「責任」が、一時的でも分離されていないモデルなのです。このモデルにおいては、生産者は自分の行動の結果が自分の責任になることを認識しています。最終的に、生産者は製品の所有者であり、それゆえ生産に使用される素材の所有者でもあります。

その結果、生産者はおのずと自社の製品を将来への投資、すなわち先に述べた「将来性を考えた選択」とみなすようになります。そうなれば、エネルギー代や修理費を最小限に抑える製品を作ることが、生産者自身の利益になります。さらに生産者は、製品全体を、あるいは製品を構成する部品や素材などを、使用後に簡単に分解して次のサイクルで使用できるように設計するでしょう。このように、製品は二重の役割を果たします。一方では、一時的な消費者のニーズを満たし、他方では、生産者にとっての原材料の貯蔵庫として機能します。生産者の利益は、原材料や素材の量が失われないことにあります。結局のところ、それは資本の破壊につながるからです。

現在のモデルでは、資本の破壊は、生産プロセスの一部として、バリューチェーンの末路にある廃棄物の山というかたちで現れます。それは集団化されており、生産者への直接的な経済的影響から切り離されています。したがって、そのコストは社会が負担しています。新しいモデルでは、失われる資源のコストは生産者の負担となり、生産者がそれを最小限に抑えることを保証することにより、生活環境、生産者、消費者などすべてに利益をもたらすのです。

したがって、旧モデルとの革命的ともいえる違いは、所有権を責任を負える者に持たせる、という点です。製品を作ったのだから当然です。言い換えれば、ドイツ憲法にあるように「所有物は義務を負う」のです。所有には、製品がどのように機能し、どのような素材で構成され、どのように設計され、ライフサイクルの終わりにどのように処理されるかについての責任が含まれます。また、同憲法に書かれているように、「所有物は公共の役に立たなければならない」のです。生産者が所有権を保持し、消費者が提供されたサービスに対してのみ対価を支払うのであれば、責任は正しい当事者に帰し、社会の利益は生産者の利益と一体化するのです。

直線型モデルでは、所有権（したがって責任）は常に生産者からその先へと、次々に転嫁され、離れていきます。そのチェーンの最後のつなぎ目は消費者であり、終着点はいつもごみ埋立地です。結局のところ、消費者が製品に対してできることは二つしかありません。他の消費者に譲るか、捨てるかです。いずれにせよ、直線型モデルでは製品は最終的に廃棄物となります。二つのあいだの違いは、廃棄物になるまでにかかる時間だけです。

リースやレンタルの場合も同じです。新車はレンタカーやリースカーとして5年間使用されたのち、中古ディーラーに行き着きます。よくてもせいぜい東欧でタクシーとして3度目の人生を送り、アフリカで乗りつぶされるぐらいです。そこでも、たいていは埋立地が待っています。繰り返しますが、この差はただ時間の問題なのです。

対照的に、Turntooモデルにおける「収穫社会」では、製品は使用されますが消耗されません。「取って、作って、捨てる」が、「作って、使って、戻す」になるのです。製品は使用されたのち、必ず所有者のもとに戻ってくるので、所有者はそれをサービスとして再び提供したり、解体して別の製品に変えたりすることができます。また、エネルギー代や修理費は生産者が負担するため、生産者は常にこれらを最小限に抑えたいと考えるでしょう。そのうえ、サービス契約は単発の取引ではなく、長期的な関係であるため、顧客ロイヤルティにつながります。さらに、継続的なキャッシュフローをも生み出します。また、このモデルを採用している生産者は、自らの原材料を管理しているため、価格上昇や原材料市場の変動の影響を受けにくくなり、生産者自身のリスクも低くなるのです。パンデミックの最中、「プロダクト・アズ・ア・サービス」として製品の一部を提供している起業家に話を聞きました。このモデルにより生み出された継続的な収益源が、従来の販売網が突然途絶してしまった影響を大幅に緩和したとのことです。

性能のための設計

Turntooモデルは、第1章で説明した3種類の収益モデルすべてに対し、広範囲にわたる影響を及ぼします。これらの収益モデルは、前世紀に技術の進歩に対応して徐々に出現したものです。

「故障するために設計された」収益モデルを考えてみましょう。洗濯機、ハンドミキサー、電球、プリンターなど、消費者にとっては長持ちしてほしい家電製品について、技術的に操作することで予測したタイミングで製品を故障させ、消費者に新しい製品を購入させることが生産者の関心事でした。Turntooモデルでは、製品が可能な限り機能し、可能な限り長持ちし、省エネルギーで、メンテナンスがほとんど必要ないこと、が生産者の利益となります。Turntooモデルでは、生産者が製品をできるだけ長く使えるように努力することを動機づけます。これには、デジタル化とIoT（モノのインターネット）が重要な役割を果たしてくれます。機器の使用状況と性能を監視することで、メーカーは摩耗による潜在的な破損を早期に発見し、機器全体が故障する前に摩耗部品を交換することができるわけです。

そして、生産者が素材の所有者なのですから、あとで再利用できるような製品を作るはずです。生産者が手にしたいのは、耐用年数を過ぎた使いものにならない廃棄物ではなく、現在の製品のかたちでは機能しなくとも、さまざまな部品を「収穫」して新しい製品に加工することができる、取り外し可能な部品と素材の組み合わせです。それによって製品は、もはや仕組まれた問題ではなく、組織化された素材貯蔵庫となるのです。「故障するために設計された」製品が、「性能を発揮するために設計された」製品になります。

2012年、アムステルダムの住宅協会エイヘン・ハールトは、二酸化炭素排出量削減と入居者のエネルギー節約を支援するという野心的な目標を実現するため、Turntooにサポートを求めました。というのも、同協会が、低所得者住居の入居者の多くが、高騰するエネルギー料金によって経済的に困っていることに気づいたからです。ガス、水道、電気が止められるのを避けるため、入居者は家賃を払わずに光熱費を支払っていたのです。これは協会にとって、財務状況と社会的使命の両方が脅かされる深刻な問題でした。彼らの高い光熱費のおもな原因は単純なものでした。自由に使えるお金が少ない人々は、安い家電製品を買わざるを得ません。購入価格が安い代わりにエネルギー代がかかるため、結局、エネルギー効率に優れた高価な家電製品の価格の何倍もの金額を支払うことになってしまうのです。

そこでTurntooは、ボッシュ・シーメンス・ホーム・アプライアンス（B/S/H）にかけ合い、居住者がエネルギー効率の高いボッシュ製の冷蔵庫や洗濯機の性能を、月々10ユーロ以下で利用できるように手配しました。ある夏の夕方、エイヘン・ハールトのウェブサイトにこのオファーが掲載されるやいなや、数週間のうちにすべての家電製品の新しい行先が決まりました。ボッシュは各家電製品に対する責任を持ち続けるため、不具合があればメーカーであるボッシュの責任になります。この実証試験においては、エネルギー代は消費者の負担でしたが、電化製品のエネルギー消費量が少なかったおかげで、入居者は年間約300〜400ユーロも節約することができました。また、

修理費用や新しい冷蔵庫を購入するための準備金も不要になったため、彼らの財務状態は大幅に改善されました。さらに、住みやすい環境にも貢献することができたとして、満足度も大変高い取り組みとなりました。２０１８年、B／S／Hは「プロダクト・アズ・ア・サービス」というかたちのビジネスを洗濯機に適用し、オランダで「ブルームーブメント」という名称で本格的なサービスを開始し、現在、同社はほかの国でも活動しています。

ここで述べる劇的な逆転とはどのようなものなのか、理解することが重要です。これまでの収益モデルの論理が根底から覆され、ゲームのルールが一変したのです。以前は、製品が早く故障することが生産者の利益だったのが、今は、製品ができるだけ長持ちすることが生産者の利益になります。以前は、生産者にとって、製品の修理が複雑で高価であることが理想的でした。新たなモデルでは、修理ができるだけ安く簡単にできること、欲をいえば、修理が完全に避けられれば、生産者の利益になります。要するに、製品の品質が高ければ高いほど、生産者の収入は減るどころか増えるのです。

更新されるための設計

覆される二つ目の収益モデルは、「時代遅れにするための設計」です。つまり、イノベーションに敏感な製品の機能操作のことです。製品をできるだけ長く使い続けることが生産者の自己利益になるとしたら、製品は可能な限り簡単な方法で「更新」できるように設計されます。そうすれば、望ましい耐用年数は最長化されることになります。そのためには、製品の設計段階ですでに将来のことをあらかじめ考えた慎重なモジュール構造（いくつかの別々の部品から構成される構造）が必要です。たとえば、次に説明するスキポール空港の事例がよく示しているように、長期的に交換が必要な部品は、製品の外側に配置することで簡単に取り替えることができます。

ＲＡＵアーキテクツで行われたライト・アズ・ア・サービスの実証実験が成功したのち、フィリップスのＣＥＯはこのアイデアに強い関心を示し、Turntooにこのモデルをさらに共同開発するよう依頼しました。スキポール空港はこのコンセプトを聞きつけ、Turntooの協力を要請します。こうして２０１５年、同空港は大規模なライト・アズ・ア・サービス事業の最初のクライアントとなったのです。その計画は、９０００平方メートルの第2ラウンジをＬＥＤ照明の設置を含め改装し、乗客にさらなる快適さを提供することでした。

航空業界は急速に変化していることから、スキポール空港は、常に最新動向を探りながら、最長15年後を見越して新規投資を行っています。15年経つと、宿泊施設、製品、プロセスは時代遅れとなり、修正もしくは更新の必要が生じます。そのため、スキポール空港の「選択」期間は、15年に制限されます。

空港には、膨大な照明が必要です。出発ロビーや到着ロビー、滑走路、トンネルや格納庫など、多くの場所で24時間365日照明が点灯しています。それにはコストがかかるだけでなく、メンテナンスにも多大な労力を要します。当時の平均的なLEDランプの寿命は約5万時間、つまり6年弱でした。すなわち、15年間の投資サイクルの中で、ランプを2回交換しなければならず、最終的には3年間分の未使用の点灯時間が残ることになります。これは、紛れもなく資本の破壊です。

しかし、Turntooモデルの理念により、きっちり15年間分の照明をサービスベースで発注することが可能になったのです。フィリップスは、設備全体の所有権を保持しながら、パートナーとともに照明設備の管理やメンテナンス、技術イノベーションを請け負うことになりました。スキポール空港のためにフィリップスは、特別に契約期間と同じ13万時間という長寿命のランプを設計しました。この新しいランプに必要だったのは、「ドライバー」を外側に配置するというわずかな変更だけでした。というのも、旧来のLEDランプの弱点は、ドライバーが内蔵されているためにアクセスできない点にあり、一度壊れるとランプ全体を別のものと交換しなければならなかったのです。ドライバーをランプの外側に配置したことで、ランプを分解することなく、素早く簡単に交換できるようになりました。そしてソフトウェアが、(予防)メンテナンスがいつ必要となるかを知らせてくれます。これによって、ハードウェアの寿命が延びるとともに、メンテナンス費が削減されます。

「時代遅れにするための設計」が、突然「更新されるための設計」に変わったのです。

しかしこれは、製品を長持ちさせる技術的更新を提供する可能性の一例に過ぎません。「更新されるための設計」のほかの形態としては、たとえば、消費者の変化するニーズを考慮した製品外観の調整があります。これは、製品のライフサイクルが性能サイクル（私たちが製品を使用したいと思う期間）よりも長い製品が対象となります。

他の企業もライト・アズ・ア・サービスの利点を発見し始めています。たとえば、スイス連邦鉄道（SBB）が依頼したチューリッヒ・アルトシュテッテン地域の屋外照明は、ブッリ社が提供する25年間のライト・アズ・ア・サービス・ビジネスモデルにしたがって実施されました。「オンデマンド照明や高品質（ほぼ100％リサイクル可能）の製品、サービス契約の一環としての長期でかつ低いライフサイクル費用とエネルギー消費は、持続可能性に対する価値ある貢献となった」と、SBBのプロジェクトリーダーのガブリエレ・ビュラーは言っています。

イノベーションに敏感な製品にとって重要なもう一つの要素は、製品のハードウェアやソフトウェアの変更です。たとえば、オランダのフェアフォンは、個別に入手可能な部品で構成されるモジュラー式携帯電話機を製造しています。新しいカメラが市場に投入された場合や、ユーザーがより大容量のバッテリーを望む場合、デバイス全体を交換することなしに、容易に更新することができます。

これによって、製品の性能サイクルの延長が可能となります。Turntooモデルでは、ニーズが将来

STARBUCKS
?i
Schiphol

変化する可能性を、設計プロセスの初期段階で織り込んでいるのです。ハードウェアはいわばソフトウェアであるかのように扱われます。これにはもう一つの利点があります。技術的洞察が（表面的な「イノベーション」ではなく）真の進歩のために再び使われるようになれば、イノベーションサイクルはより長くなり、イノベーションの飛躍はより大きくなるはずです。なぜなら、エンジニアやデザイナーは、もはや「問題」を組織化することに頭を悩ませる必要がなくなり、より崇高なプロジェクト、つまり「解決策」の模索に全神経と知識を注ぐことができるからです。

「最新のものにこだわらない」

イノベーションに敏感な製品（またはそれを構成する素材）を使い続けるもう一つの方法は、複数の種類のサイクルを組織化することです。ユーザーにはさまざまなタイプがあるので、新しいモデルを段階的に次のユーザー層へと回していくことで、簡単に製品を何回も使用することができます。米国のコミュニケーション専門家であるエベレット・ロジャーズは、1960年代に「イノベーションの普及」というモデルを考案し、「イノベーター（革新者）」「アーリーアドプター（初期採用者）」「アーリーマジョリティ（初期多数派）」「レイトマジョリティ（後期多数派）」「ラガード（遅滞者）」という五つの異なるユーザーを定義しました。

ここでも、スマートフォンがよい例です。あるユーザーグループは常に最新のテクノロジーをほしがりますが、別のグループは2番目に古いモデルでもまったく構わないのです。さらに、もっと古いモデルでも平気であるというグループも多くいます。少し前の例ですが、オランダの通信会社ベンのキャンペーンはこのような感情を利用したものでした。「最新のものにこだわらない」という考えに共感する人はますます増えています。

「古い」携帯電話機は、現在、アーリーアドプター（初期採用者）やアーリーマジョリティ（初期多数派）の台所の引き出しに眠っていますが、新しいモデルのもとでは、生産者が、たいていの場合まだ完璧に機能するデバイスを、製品のライフサイクルの終わりに達するまで、次の層のユーザーに確実に引き継がせることができます。そしてその後は、生産者は単に製品を分解し、さまざまな部品を新世代の製品のために再利用することができるのです。

これはすでに、まだ一部ではあるものの、「リファービッシュ（再生）品」というかたちで実現しています。最近の調査によると、このリファービッシュ市場には大きな可能性があるようです。あるセグメントにおいては、ユーザーは「リファービッシュ品」のほうが完全な新品よりもコストパフォーマンスが高いと回答しています[3]。したがって、この動きが進展するためには、リファービッシュ品が、性能面で劣っていないことを明確にするような、新しい用語が必要でしょう。英語では、すでにそのような変化の兆しが見られます。つまり、中古やセカンドハンドの代わりに、pre-loved（大事に使われた）とか、pre-owned（所有されたことのある）、あるいはproven（実績のある）といった用語を目にする機会が増えているのです。

情熱のための設計

第1章では、ファッションや流行の創造といった心理的操作によって新たな製品需要を喚起するという、第3の収益モデル「流行遅れにするための設計」についても述べました。1930年代以来、私たちの文化は、ある人が身につけているものや持っているものからその人がどのような人間なのかを推し量る、といった風潮にとらわれてきました。しかし、新しいモデルでは、そのような心理的操作は過去のものとなるだろうと思われます。つまり、心理的操作は消費者が常に新しいものが必要だと説得させるためのトリックなのです。「人は自分が持っているものや身につけているもので自己認識する」からです。しかし、人々が「新品」や「所有」に執着し続けることがもはや生産者の利益にならなくなれば、広告もそれに焦点を当てることはなくなるでしょう。文化的な面でも、これは好ましい結果をもたらすに違いありません。

ところで、「所有と新品」から「シェアと中古」へのシフトは、すでに進行中です。先述の「サービス化」を考えてみましょう。Airbnbで予約した家に宿泊し、いろいろな場所を訪ねるのにUberを利用します。別荘や自動車を持つよりも思い出の品や写真をコレクションしたり、トレンド・セッターのようにヴィンテージの服を着たり、友達と服の交換会を開いたり、あるいはイケアに行くよりもアンティークショップや蚤の市を覗く人が増えているのです。

しかし、こうした現象は、新しい考え方の出現とニーズの変化の兆しではありますが、それ自体が長期的な解決策を提供するものではありません。製品そのものが変わらない限り、こうしたモデルは直線型経済の最適化されたかたちにしかすぎないのです。真の変革は、いまだ主流の収益モデルとは常に相容れないため、実現することはないでしょう。それに対し、Turntooモデルは、本当の意味での文化的変革へと成長する最良のチャンスを提供することで、真の変革の進展を後押しするものです。その一例が、Turntooモデルの理念にしたがってファッション業界に革命を起こしている企業、2012年設立のマッド・ジーンズ（MUD Jeans）です。オランダ人創業者のベルト・ファン・ソンは、Turntooの初期のコンセプトに触発され、新しいデニムブランドを立ち上げました。彼の会社を通じて、消費者は月々定額でジーンズを「使用」することができます。使用期限を過ぎたジーンズは製品として再利用されるか、新しい製品に再加工されます。現在、マッド・ジーンズの40%がリサイクル・デニムで作られており、同社はこの割合を着実に増やす努力をしています。

２０２１年以降、マッド・ジーンズはイケアと提携し、顧客がソファに新たな命を吹き込めるよう、リサイクル・デニムから作られたソファ・カバーを製造しています。

長期的な責任を負う企業のもう一つの素晴らしい例は、ハイキングやアウトドアスポーツ用品を販売する米国の企業、パタゴニアです。パタゴニアは何十年もの間、環境に配慮したデザインと生産工程に注力してきました。１９９６年以来、パタゴニアが使用しているコットンはすべてオーガニックコットンです。２０１１年には、新製品を買わないように呼びかける広告キャンペーン（「このジャケットを買わないでください」）を展開し、ブラックフライデーに沸く消費文化に異議を唱えました。パタゴニアは修理サービスも提供しており、年間約４万着の破損した服がパタゴニアのネバダ本社で修理されています。パタゴニア自身もオンラインショップを立ち上げ、顧客同士が中古のパタゴニア製品を交換したり、再販売できるようにしています。また、ライフサイクルが終了した衣料品を顧客から引き取り、素材の再利用やリサイクルも行っています。２０２２年9月、パタゴニアのオーナーである登山家のイヴォン・シュイナード（当時83歳）は、いくつかの基金や非営利団体に会社を寄付しました。これらの団体は、この高い評価を受ける企業の生んだ利益を、気候変動と闘うプロジェクトのために使用できるのです。

もちろん、より多くの企業がこのようなモデルや価値観を導入したところで、私たちが消費行動を通じて自分のアイデンティティを形成することを直ちにやめることはないでしょう。消費行動はいまだに私たちの文化のなかに織り込まれすぎているからです。ですが、もはや物を所有するのではなく、使用するだけになったとき、何かが変わらなければならないことに気づくでしょう。

「楽しむために所有は必要ではない」「中古でも新品と同じ価値がある」という二つの最も重要な基本理念が、私たちの物とのかかわり方を変化させます。新しいモデルのもとでは、これらの基本理念にもとづき製造者の収益モデルが変わり、それに呼応するマーケティング・メッセージもおのずと変わるのです。やがて、これらの基本理念は、旧来の収益モデルにもとづくマーケティング・メッセージと同じように私たちのなかに定着し、当たり前となるに違いありません。

最終的には、これらの理念は、私たちを所有重視から経験重視へと導きます。物は再び、夢や計画を実現するための単なる道具となり、それ自体が目標ではなくなります。「流行遅れにするための設計」が、「情熱のための設計」になるのです。

「人生はただのドライブである」と米国のコメディアン、ビル・ヒックスは言いました。その終わりに、運転中に集めたものすべてが入力され、合計され、最終的なスコアに変換される計算機が待っているわけではありません。ドライブが終わったとき、私たちが所有しているものは出発したときとまったく同じです。すなわち、何もないのです。

私たちが自分のニーズの一時性を意識的に受け入れると、おのずと、私たちの人生の一時性についてもより意識するようになるでしょう。そして、組織化された問題のマーケティング・メッセージに絶え間なく囲まれることがなくなったとき、何が起こるかを考えてみてください。それらのメッセージは、私たちの不満の感情を利用して語りかけているだけなのです。少なくとも、こういった理念によって、私たちの関心はもはや所有物の熱狂的な蓄積に集中することはなく、私たちの人生の本質である一時的で不思議なドライブを楽しむことに向けられるようになるでしょう。

素材とアイデンティティ

私たちはもう目標に達したのでしょうか？　残念ながら、まだそこまで至っていません。「プロダクト・アズ・ア・サービス」は多くの問題を解決してくれますが、この収益モデルは解決に向けた最初の、つまり基本的な一歩に過ぎません。

製品設計、収益モデル、文化は収穫社会への移行の鍵である一方、ビジネスプロセス、素材管理、資金調達モデルも同じく鍵を握っています。生産者がどんなに注意深く製品を扱っても、資源を確実に保存するためには、さらに多くのことが必要です。

そのため、素材のアイデンティティ（身元）を、データというかたちで体系的に生産チェーンのなかに含めなければなりません。アイデンティティを持たず、それゆえに登録されていないものは、結局は、簡単に失われてしまいます。資源が失われてしまう限り、直線型経済の終焉を語ることはできません。それでは、ぎりぎりまで引き伸ばされた延長線にすぎません。

「プロダクト・アズ・ア・サービス」が順調に進んでいる一方で、有限なものを無限に使い続けたいのであれば、もっと本質的なことを変える必要があります。資源の火葬場をきっぱりと終わらせるために、私たちの資源に対する姿勢を根本的に見直さなければならないでしょう。

「物でいっぱいの家より
スタンプでいっぱいのパスポートを持つほうがいい」

――出典不明

第6章

マテリアル・パスポート

廃棄物は、匿名になってしまった資源で構成されている。
身元証明書だけがこれを予防できる。
私たちはどのようにして匿名資源を体系的に整理し、
記録できるだろうか？

1713年、オランダではほとんど知られていない重要な書物『Sylvicultura oeconomica』(訳注:「経済学的観点からの林業」の意味)が出版されました。著者のハンス・カール・フォン・カルロヴィッツは、ドイツ語でNachhaltigkeit、英語ではsustainability、オランダ語ではduurzaamheid、フランス語ではdurabilité、日本語では持続可能性という用語の創始者とされています。この膨大な研究のなかで、この用語は一度しか登場しませんが、フォン・カルロヴィッツの考え方は永遠にこの言葉と結びついています。

フォン・カルロヴィッツ(1645―1714年)はザクセンの貴族の息子で、狩猟と森林管理を任務としていました。木材は山岳地帯の鉱業に不可欠で、とりわけ製錬炉の燃料として使われていました。しかし、そのころ、森林では大規模な伐採が進んでいました。ヨーロッパ全土に壊滅的な傷跡を残した三十年戦争で破壊された家屋や都市の再構築や、艦隊や軍艦などの造船のために木材が必要だったのです。フォン・カルロヴィッツは、木材不足によって、鉱業とそれに携わる多くの市民の雇用と生活が脅かされることを予見しており、倹約こそが略奪に対する最善の救済策であると主張しました。

著書のなかで彼は、木材はパンと同じように人々の日常生活に必要なものであり、木材を「絶え間なく」、そして「永続的に」利用できるようにするために、伐採と木の生育速度が釣り合うよう、森林を大切に扱うことが重要である、と強調しました。播種《はしゅ》、植林、森林再生によって生まれる以上の木材を森林から取ってはならないことが『Sylvicultura oeconomica』から読み取れます。

これは明らかに近代的な解決策でした。当時、農業や園芸にはこうした計画的アプローチがありましたが、林業という産業自体が存在していませんでした。農家にとって、木を植えても自分たちが生きているうちに成果を得ることができないため、植樹する意味はほとんどないからです。そこでフォン・カルロヴィッツは、計画的な植林と森林管理は政府が行うべきだと考えたのです［1］。彼のアイデアは実現し、オランダでは1713年以降ずっと、林業管理は行政機関の役割となっています。

資源の消費

フォン・カルロヴィッツが導入した長期的視点は、もちろん樹木だけに関係するものではありません。第3章で述べたように、私たちの地球は資源の量が限られた閉鎖型システムであり、それ以上のものが追加されることはありません。このシステムにおいて、無限の成長を遂げることは不可能なのです。したがって、私たちは現在の経済を、有限であるすべてのもの（資源、素材、土地）が永続的に使用できるようになる経済へと変えていかなければならないのです。

そのためには、経済成長と繁栄を、資源の消費から切り離す必要があります。日ごとに大量の資源が失われています。それらは、匿名になるという理由でただ無価値となってしまい、結局、廃棄物へと落ちぶれていきます。プロダクト・アズ・ア・サービス・モデルは、この浪費を減らすことはできるとはいえ、

Mit GOtt!

SYLVICULTURA OECONOMICA,

Oder

Haußwirthliche Nachricht und Naturmäßige Anweisung

Zur

Wilden Baum-Zucht,

Nebst

Gründlicher Darstellung/

Wie zu förderst durch Göttliches Benedeyen dem allenthalben und insgemein einreissenden

Grossen Holtz-Mangel/

Vermittelst Säe- Pflantz- und Versetzung vielerhand Bäume zu prospiciren/ auch also durch Anflug und Wiederwachs des so wohl guten und schleunig anwachsend, als andern gewüchsig- und nützlichen Holtzes, gantz öde und abgetriebene Holtz-Ländereyen, Plätze und Orte widerum Holtzreich, nütz und brauchbar zu machen; Bevorab von Saam-Bäumen und wie der wilde Baum-Saamen zu sammlen, der Grund und Boden zum Säen zuzurichten, solche Saat zu bewerckstelligen, auch der junge Anflug und Wiederwachs zubeobachten. Daneben das sogenannte lebendige, oder Schlag-an Ober- und Unter-Holtz auffzubringen und zu vermehren, welchen beygefügt die Arten des Tangel- und Laub-Holtzes, theils deren Eigenschafften und was besagtes Holtz für Saamen trage, auch wie man mit frembden Baum-Gewächsen sich zu verhalten, ferner wie das Holtz zu fällen, zu verkohlen, zu äschern und sonst zu nutzen.

Alles zu nothdürfftiger Versorgung des Hauß- Bau- Brau- Berg- und Schmeltz-Wesens/ und wie eine immerwährende Holtz-Nutzung, Land und Leuten/ auch jedem Hauß-Wirthe zuunschätzbaren großen Auffnehmen/ pfleglich und füglich zu erziehlen und einzuführen.

Worbey zugleich eine gründliche Nachricht von den in Churfl. Sächß. Landen

Gefundenen Turff

Dessen Natürliche Beschaffenheit/ grossen Nutzen/ Gebrauch und nützlichen Verkohlung.

Aus Liebe zu Beförderung des algemeinen Bestens beschrieben

Von

Hannß Carl von Carlowitz/

Königl. Pohl. und Churfl. Sächß. Cammer-Rath/ und Ober-Berg-Hauptmann.

Mit Königl. Pohl. und Chufürstl. Sächß. allergnädigsten PRIVILEGIO.

LEIPZIG/

verlegts Johann Friedrich Braun 1713.

完全に防ぐことはできません。ですから、この閉鎖型システムにおける限りある資源の破壊に終止符を打ちたいのであれば、私たちは資源の管理についてもっときちんと把握しなければならないでしょう。

現在のモデルにおいては、製品や建物が「無価値」であるとみなされたとき、加工されたすべての素材は、その存在意義を一気に失ってしまいます。そうなると、「廃棄物」としてしか扱われなくなります。生産に使用された素材の特性や性質、つまりそもそも貴重であったという情報が忘却の彼方に失われてしまうのです。つまり、廃棄物とは、存在意義もアイデンティティもない単なる物質なのです。幸いなことに、それがいかに膨大な無駄であるかは、徐々に明らかになりつつあるようです。たとえば近年、「都市鉱山」と呼ばれる手法に注目が集まっています。都市やその他建物が密集した地域は、部分的に回収できる資源を膨大に埋蔵する鉱山とみなされています[2]。

それらを集めた資源価値は膨大です。英国の独立系ニュースプラットフォーム「The Conversation」は、オーストラリアの複数のオープンソースデータベースのデータを組み合わせ、メルボルン市の建物が密集した土地だけで、1平方キロメートルあたり150万トンの資源が備蓄されていると結論づけました。これは、製品や電化製品を含まない数値です[3]。

しかし、都市鉱山のような方法は、棚卸しを行ったあとで救出できるものは救出する、という事後的なアプローチにすぎません。都市鉱山に、資源や素材が「どこに、何が、どれだけ」あるのか、記録した人は誰もいないのですから、正確に把握できる人も誰もいません。さらに、このような状況は生産時には想定されていませんでした。製品は、価値を失うことのないように、再組み立てはおろか、簡単に分解できるようにさえ設計されていません。それどころか、さまざまな部品が生産工程で複雑に組み合わされ、固定密着されているため、個々の素材を回収するのは非常に困難で、コストもかかります。

言い換えれば、このような方法は、現在のバリューチェーンの末端にある悪影響を部分的に修復することはできても、チェーンそのものは変わりませんから、問題の進行を多少遅らせることはできても、決して解消することはできないのです。実際に、こうした対策はまたもや対症療法にすぎず、現在の直線型システムの最適化にすぎません。廃棄物が存在する限り、資源が失われることはやはり避けられないのです。

私たちが、最も貴重な資源でさえもどれほど無駄で賢明とはいえない扱いをしているかは、金の例に顕著に表れています。以前は、採掘された金は主に支払い手段(金貨や金塊)や宝飾品やその他の装飾的な消費財に加工され、その高い価値ゆえに慎重に受け継がれるか、さもなければ再び溶解されていました。「これまでに採掘された金はすべて、それ以来ずっと地上を巡回している。つまり、時計に使われている金の一部は、2000年ほど前にローマ人によって採掘されたものかもしれない」と、金融と金の専門家であるジェームス・タークはかつて言いました[4]。しかし、英国地質調査所によれば、現在、毎年採掘される金の約12%が電子機器の生産に消費されています。平均的なスマートフォンには約30ミリグラムの金が含まれています。使用されている量は非常に微量であるため、機器から金を回収することは技術的に不可能であるか、経済的に不採算です[5]。その結果、米国環境保護庁によると、米国だけで毎年6000万ドルに相当する膨大な量の金と銀が捨てられているとされます[6]。歴史上で初めて、金の流通量の増加速度が、同じ期間の金の採掘量の増加速度を上回りました。

これは金の実際の量が少なくなっているわけではなく、失われる量がますます増えていることを意味しています。しかし、閉鎖型システムでは実際は「失われる」ことはなく、資源は匿名になったり、違うかたちをとったり、気体などに変換されたりするだけなのです。つまり、ここで「資源が失われる」というのは、私たちにとって有用な資源としての役目が失われることを意味しています。つまり、資源が解けてなくなるわけではないのです。エレア出身の古代ギリシャの哲学者であるパルメニデスは、「本当の存在というのは、生じることもなく、変化することもなく、失われることもなく、分割されることもなく、多様なかたちをとることもない」と言いました。そうでなければ、私たちが気候問題を引き起こすことはなかったでしょう。かつては地中にあったものが、今では二酸化炭素というかたちで文字通り私たちの頭上に垂れ込めているのです。化石資源の燃焼にもとづく現在のシステムは、二重の問題を引き起こしています。

つまり、石炭や石油は、地球温暖化の原因であるだけでなく、非常に貴重な「限定版」資源にもかかわらず、それらを燃焼して気体にしてしまうことで、資源として永久に失われてしまうのです。

資源の火葬場

もちろん、「都市鉱山」だけが、現在のシステムのなかで資源を救出する唯一の試みではありません。最もよく知られているのは「リサイクル」ですが、これは基本的に「廃棄物の採掘」のようなものです。リサイクル事業者は、廃棄物を再特定し、再び利用できるようにするだけです。

問題は、リサイクル事業者が廃棄物からさまざまな素材を元の価値まで回復するにはコストがかかりすぎる場合、業者は必ず焼却という手段を選ばざるを得ないということです。実際、オランダでは、家庭一般ごみやその他リサイクル可能な廃棄物の処理に最も一般的に適用されている方法は焼却処分です[7]。欧州の規制では、焼却炉は、熱とエネルギーを抽出できる「廃棄物の有用な利用法」とみなされています。そして人々は、「サーマルリサイクル」によって生み出される「グリーン電力」と呼んでいますが、どちらも、決して元の使用可能な状態には戻るわけではありません。資源の火葬ともいえるプロセスを婉曲的に表現するものです。一方で、無限の資源の一つである太陽は、無限のエネルギーを提供してくれます。つまり、リサイクル事業者の運営は、部分的には資源の「犠牲」のうえに成り立っており、資源の完全な保全ではないのです。

英国の政治家ジェニー・ジョーンズは、2018年の『ガーディアン』紙のインタビューで述べました。「リサイクルも再利用もできない廃棄物を燃やしてエネルギーを生み出すことには論理があるが、それは最後の手段であるべきだ。私たちが代わりに作り出してしまったのは、常に燃料が供給されなければならない市場主導型の焼却炉システムなのだ」。

なぜそれに誰も気づかないのでしょうか？　それは、素材にアイデンティティも権利も与えられていない環境のなかで、合法的な匿名性が存在しているからです。だから、本当に長期的な視野に立って行動を起こしたいのであれば、法律にも根本的な変更が必要となるでしょう。

ニューカレッジの梁

長期的な計画に関する好事例に、オックスフォードのニューカレッジのオーク材の梁《はり》にまつわる話があります。この話が本当に事実にもとづいているかどうかは議論の余地がありますが、私たちに必要な考え方を見事に示しているため、語るに値するものです。１３７９年に創立されたニューカレッジは、大学敷地内で最も古い建物の一つです。１００年以上前に、食堂の木製天井に虫が巣くっているのが発見されたため、とてつもなく長い梁は交換の必要に迫られていました。しかし、そんな寸法のオーク材がどこで手に入るのでしょうか？　ニューカレッジ周辺の森林を管理する木材監督官に尋ねたところ、驚くべきことに、彼はこの質問を予想していたと答えました。たしかに、ニューカレッジが建設されたとき、先見の明のある誰かが、いずれ建物の梁の代わりが必要になると考え、オークの木を植えておくことを思いついたのです。何世紀ものあいだ、この情報は何世代もの森林管理者たちに受け継がれ、彼らのあいだではよく知られていたのです。このオークの木はニューカレッジのために植えられたものだから、伐らないでおこう、と。

この話で感心するのは、先見の明です。何百年も経ってからしか現れない問題に対して、誰かが解決策を考え出していたのです。必要な情報が注意深く書き留められ、引き継がれていたために、その解決策は有効であり続けたのです。

このエピソードは、重要であると同時に自明のことを私たちに教えてくれます。資源を利用し続けたいのであれば、記録するということです。そうすれば、それは将来性のある「素材」になるのです。

償却せず、記録する

物事を記録することによって、私たちは、文字通りそして比喩的に、知識の上に知識を構築することができます。文字を書くこと、そしてその後発明された印刷技術は、私たちの集合知に驚くべき影響を与えました。突如として、新しい世代は、前の世代が築いた知識を基礎として、その上に新しい知識を積み上げていくことができるようになったのです。文字に記録できる知識の量は無限です。学習した内容の15%程度しか長期間記憶できない人間の脳とは異なり、書かれた言葉は何世代にもわたって保存でき、その内容は容易に共有できます。それによって私たちの集合知は、現在の科学界を特徴づけるような目覚ましい水準にまで成長するチャンスを得たのです。「私がほかの人より遠くを見てきたとすれば、それは私が巨人の肩の上に立っていたからである」という、アイザック・ニュートンのとても有名な言葉があります。

発明や科学の飛躍的な発見は、実際には、個人的な貢献は限られたものであり、それよりはるかに大きな意義があるのは、特に、貴重な情報を記録して、永続的に利用できるようにする社会全体の能力です。科学的大発見や発明が、しばしば複数の場所で同時に起こるのは偶然ではありません。もし私たちが何も「書き留める」ことができなかったら、現在の発展段階に到達することはなかったでしょう。今日書き留めたものが、明日、世界を見渡す視点として機能するのです。

私たちは、最も価値があると思うことをほぼ直感的に書き留めます。たとえば、多くの人が子孫を最も大事であると考えているため、なんとかすべてを保存しておこうとします。娘の最初の一歩や息子の身長を壁に記録する、貴重な瞬間が失われないよう過ぎ去った時を写した写真をアルバムに貼る、というように。たいていの場合、親が子ども1人に対して大金を投資するのに、金銭的な見返りはまったく期待していません。

このメカニズムは逆にも働きます。「無価値」のものを用無しにしてしまうのです。直線型経済ではこれを巨大な規模で行っています。大規模なホテルチェーンでは、古いものは時間が経つにつれ「償却」され、5年から7年ごとに家具をすべて入れ替えます。つまり、「有価値」とみなしたものは計上し、「無価値」とみなしたものは「償却」するのです。ほとんどの企業や機関においては、通常、投資に対する財務上の減価償却期間が設けられています。この期間が過ぎると、機能するかどうかに関係なく、設備や家具は買い替えられます。これは、素材浪費の文化に貢献している重要な要素です。

使用されなくなった建物は、たいていの場合、莫大な費用をかけて解体されます。その結果、大量の廃棄物が発生します。EUでも米国でも、建設廃棄物は年間排出される全廃棄物の約40%を占めており、日本では20%となっています。こうして、建物の素材の価値は忘れ去られ、帳簿に計上されることもなく、年月とともに減価償却されてゼロになるだけです。建物の簿価が「0円」になったとき、私たちは、金融や財務ルールによって作られた一面的な見方にしたがって、その建物全体を「無価値」とみなすのです。しかし、先に述べたように、閉鎖型システムのなかでは、すべてのものに価値があります。よって、無価値ということは決してありえないのです。

匿名性かアイデンティティか

もちろん、発見されたり採掘されたりするのは、昔からそこに存在したものだけです。それらが「存在しているように見える」のは、その瞬間に初めてアイデンティティが付与され、その素材に価値が与えられるからです。もし、素材が廃棄物として匿名化されると、その逆のことが起こります。突如として、もはや、存在しないように見えるのです。資源はすべて失われてしまうのです。匿名性のなかでは、すべてが同じくらいの価値しか持ちません。つまり、なんの価値もないのです。弁護士であろうと、教師であろうと、ノーベル賞受賞者であろうと、難民になるなどの事情によってパスポートを所持できなくなると、同じ状況に陥ります。匿名性という状況に。そして、たいていの場合、長い調査を経て新しいパスポートが交付されるまで何年も待たなければならず、それからようやく人生を再出発できるようになります。つまり、現代の世界では、アイデンティティを登録し、維持することが非常に重要なのです。戦争が激化している国の政府が、一時的であるにせよ、国民のアイデンティティを保護することができなければ、その地域全体の住民が「匿名」になってしまい、最も恐ろしい戦争犯罪が行われる場所に変わってしまう危険性があります。匿名であるということは、人であれ、領土であれ、動物であれ、資源であれ、それらがなんの権利も持たないことを意味します。

素材が匿名になる可能性がある限り、貴重な資源は失われ続けます。そして、そうであり続ける限り、現在の生産モデルは「延長された直線」のままであり、残された時間が延びただけで、経済システムは本質的に変化しません。

真にこれ以上失うことをやめたいのであれば、「都市鉱山」や「廃棄物採掘」のようなやり方で「事後」に資源を回収するだけでは追いつきません。これに対する解決策は、バリューチェーンのもっと早い段階から、より徹底的な解決策を講じることです。私たちの複雑な経済界および社会において、資源が匿名になってしまうのを防ぐ唯一の方法は、永久に文書化されたアイデンティティを付与し、それを記録することです。

マテリアル・パスポート

私たちの物理的世界をデータとして「把握する」ことによってのみ、限りあるものを無限に利用できるように組織化することが可能です。

図書館にたとえてみましょう。いつ、誰が、どの本を借りたかをきちんと記述することで、本は何世代にもわたって利用できます。それぞれの本には身元証明書があり、本が不在であれば、整然としたシステムのなかでそのことがすぐにわかります。このように図書館員はどの本がどこにあるかを正確に把握することができます。ですから、本がいつも本棚にある必要はないのです。蔵書の一部は常に、大勢の会員の家、鞄、クルマ、職場に散らばっています。しかし、図書館員は貸し出し状況を把握し続け、すべてを書き留めることで蔵書を完全なかたちで守ります。

資源や素材が二度と失われないようにするため、私たち筆者は同じ理念にしたがって、2011年に「マテリアル・パスポート」を考案しました。これは、製品や建築物のすべての素材、使用された資源、部品の正確な在庫情報を記録するパスポートです。2013年、オランダ、ブルメン市の新市庁舎は世界初のマテリアル・パスポートを取得した建物となりました。その2年前、当建築事務所RAUアーキテクツはこの歴史的建造物の改修と拡張の依頼を受けましたが、その内容には特殊な点がありました。近い将来、いくつかの自治体が合併する可能性があり、ブルメン市は、数十年後には市庁舎が必要なくなるかもしれないため、一時的な増築を設計するよう依頼してきたのでした。これは、一時的なニーズが特定されただけでなく、20年という明確な数値が示された珍しい例です。循環型建築の私たちのビジョンを実現するのにまたとないチャンスでした。すべてのサプライヤーには、20年後に引き取って再び販売することができる部品を設計することが求められました。ある日、私たちは業務協力している木材のサプライヤーから電話を受けました。「梁の厚さが当初の打ち合わせより3センチ厚くても大丈夫でしょうか？」と聞かれたので、「もちろんです」と答えました。「でもなぜですか？」と聞いてみると、木材サプライヤーは、３センチ厚くすることで梁の強度が増し、20年後にはもっと幅広い用途に使えるようになると説明してくれました。それによって、３センチ厚くしない場合よりも20％高く売れるとのことでした。このように、サプライヤーは突如として、自分のビジネスと販売する資材に長期的な視点を盛り込まざるを得なくなったのです。２０１３年、この市庁舎はサステナブル（持続可能）建築賞を受賞しました。市庁舎が不要になったときに建物を再び完全に解体することができます。使用されているさまざまな部品や素材に関するすべての情報は、マテリアル・パスポートに記録され、それによって一つひとつの素材はアイデンティティを持つのです［8］。

こうして、素材は製品から独立して存在し続ける身元証明書を獲得します。それによってすべてが変わります。何かに身元証明書を与えれば、たちまちその価値が上がります。ときに、アイデンティティによっては、法外にさえなります。それまで無名だった絵が、ある日突然ゴッホのオリジナルだとわかると、その価値は極端に上がります。しかし、どのようなアイデンティティであれ、それが重要なもの、ユニークなもの、唯一無二のものであることに変わりはありません。アイデンティティとは、単なる特徴の集合体以上のものであり、したがって、失ってはならない、守らなければならないもの、を意味するのです。

身元証明書を与えるかどうかは、私たちの責任感に大きく影響を及ぼします。今日、広く行われている集団的な「事なかれ主義」は、おもに私たちの行動の結果失われた人命、生態系、資源などの「匿名性」の犠牲の上に成り立っています。しかし、「問題」に顔を与えれば、無視することが不可能となります。

マテリアル・パスポートは、素材が匿名になって失われてしまうことから救うための方法です。そうすることで、廃棄物を完全に排除することが可能となり、地球に対する私たちの姿勢を閉鎖型システムの原則に合致するように改めることができます。閉鎖型システムのもとでは、人、動物、植物、そして素材はすべて等しく重要なのです。

素材が身元証明書を持つ世界とはどのようなものでしょうか？　これは、世界の資源の40％以上を消費する建設セクター［9］を例にとってわかりやすく説明することができます。もし、このセクターだけでもマテリアル・パスポートを適用させることができれば、その効果は比類ないものになるはずです。

将来にわたって素材を確保するためには、何かを建設するためにどのような素材が使用され、あるいは必要とされているのか、そしてそれらがどこにあるのかを正確に把握しなければなりません。そのために、Turntooは3D-BIM（三次元ビルディング・インフォメーション・モデリング）を使用してデータモデル、つまり、前述の「マテリアル・パスポート」を開発しました。このパスポートには、使用される素材に関するすべての情報が収集され、記録され、保管されています。そのため、製品や部品にどの素材が使われているか、つまり鋼鉄、金、銅、セラミックが何キロ使われているか、それらのもともとの出所、どのような加工を経て、建物のどこに保管されているかが事細かに記載されています。大小を問わず、すべての部品がこうして記録され、迷子になって最終的に廃棄物となることを防いでいるのです。

素材鉱山

たとえば、すべての新築建築物にマテリアル・パスポートを適用することで、私たちは長期的に大きな進歩を遂げることになります。しかし、既存の建築物全体に対する新築建築物の年間生産量は、わずか1％程度に過ぎません。すべての既存建築物の資源や素材を遡及的に棚卸しし、記録すれば、その効果は何倍にもなります。いわゆる「無価値」、つまり償却された建物も含めれば、残りの99％についても十分興味深い市場が出来上がります。現在、建物を処分したい人は、解体業者に連絡し、お金を払わなければなりません。しかし、マテリアル・パスポートを手にすれば、減価償却された建物はたちまち価値を取り戻し、所有者は解体費用を必ずしも支払う必要がなく、場合によっては儲けられることに気づくことでしょう。この理念は、世界中のすべての建物に当てはまりま

す。こうして、建物は「素材鉱山」となります。つまり、建設に使用された資材を遡及的に棚卸しするわけです。

数年前、私たち筆者はある大企業から相談を受けました。敷地内に撤去が必要なビルがあり、今回は違うやり方で処分したいと考えていました。打ち合わせの際、私たちは、その建物にどれだけの儲けが出るのか聞くのを当たり前としていました。「儲けですって?」、彼らは驚いて尋ね、「解体には2億円以上かかるんですよ」と言いました。

建物の減価償却がゼロになったため、会社は自動的にその建物が完全に「無価値」になったと思い込んでいましたが、もちろんそうではありませんでした。私たちは2週間で、素材を特定し、棚卸しし、評価することで、この建物を素材鉱山として「解読」しました。結果、私たちが関与していなければ、2億円以上もかけて無慈悲に跡形もなく取り壊されるはずだった建物に、9000万円以上もの価値を見出したのです。ほとんどの素材が特定できたため、解体業者の建物に対する態度も変わりました。今や、その価値を守ることも彼らの任務となったのです。英国では、解体業者が建物を取り壊す際にお金を支払うことはもはや珍しいことではありません。

ある会議で、オーストリアの建築業者に会いました。彼は、今では建築プロジェクトを始めるときはいつも、その建物が不要になることを見越して、使用する素材の優先買取権をすぐに自分の名義にしておくのだと言っていました。人々は徐々に、建物に秘められた価値に気づき始めているようです。

素材貯蔵庫

建築物におけるマテリアル・パスポートの第二の応用は、「素材貯蔵庫」と呼ぶ方法です。マテリアル・パスポートによって、建物は実に貯蔵庫となり、そこから素材を再利用することができます。しかし、「鉱山」と「貯蔵庫」の違いは、事前に考慮するかどうかにあります。「貯蔵庫」と呼ぶのは、建設に必要な素材をあらかじめマテリアル・パスポートに登録しておく場合です。

これはもちろん、あとから棚卸しするよりも何倍も効果的です。どのような素材が必要かを事前に把握しておけば、建築技術や設計を適応させることで、建物全体を再構築可能にすることができます。つまり、「価値を失うことなく」、すべての素材を建物の外に持ち出せるのです。これによって、建物の建設、改築、解体を可能な限り簡単にする、再利用可能な製品や部品という新たな市場が出現するのです。そうして初めて、素材貯蔵庫という将来性のある優れた選択肢が生まれるのです。残念ながら、既存の建物は手遅れで、鉱山としてのみの機能しかありません。

ＲＡＵアーキテクツは、Turntoo の支援を受けて、フォルカーヴェッセルス不動産と共同で、オランダのダウフェンにある電力会社アリアンダーの新しいオフィスをこの方法で設計しました（１７６ページ）。マテリアル・パスポートには、建物のなかで使われている素材が正確に登録されており、建物が不要になった場合でも、その「構造」のおかげで、素材や部品の一つずつが価値を失うことなく再び「収穫」されるようになっています。ここでの最大の難題は、既存の建物を一体化する方法として私たちが設計した、屋根の鉄骨構造を建設できる会社を見つけることでした。従来型の企業は、組み立てから解体、運搬、再組み立てまでが容易であり、なおかつ高い安全性も保証された構造、という私たちの切実な要求を十分に理解しませんでした。そこで、同じ課題に悩んでいるのはどんな企業なのだろうかと思案した末、ついに建設業界の外に解決策を見出したのです。それは、ジェットコースターの製造会社です。その結果、その建物は水平型ジェットコースターのような外観になり、製造に必要な鋼材は従来の鉄鋼会社の提案より30%少なくて済みました。

循環型建築プロジェクトを通じて、もう一つ素晴らしい発見がありました。それは、プレハブ化とモジュール化によって、工期、リスク、コストが削減されるだけでなく、建築現場への影響も大幅に軽減できるということです。その好例が、筆者が設計したハーリングフリット入り江の自然保護区にある鳥類観察所です（164ページ）。鳥の卵のような形をしたこの建物は、402本の木製の梁からなっており、フィンランドでプレハブ製作されてから現場に運ばれ組み立てられ、地元の葦で覆われました。仮設建築物として設計されたため、いずれ必要に応じて簡単に解体して別の場所に移動させることができます[10]。私たちの基本理念は、このプロジェクトに集約されています。それは、一時性を見越すこと（この建物が現在のかたちでいつまで必要とされるかは誰にもわからないのですから）、そして、身元証明書であるマテリアル・パスポートによって、使用されたすべての素材のアイ

デンティティを維持することです。そうすれば、建物は閉鎖型システムの原則に完全に沿ったものになります[11]。

素材銀行

しかし、私たちは、さらにその先を行かなければなりません。建物が素材貯蔵庫になりうることを理解すれば、現在の経済モデルにしたがって建物を0円まで減価償却することを止めなければならないことも理解できるでしょう。

Turntoo モデルでは、建物の価値は事後的に償却されるのではなく、事前に記録します。素材を棚卸しするだけでなく、その金銭的価値を長期にわたって監視し、評価し、記録し続ければ、建物は事実上の「素材銀行」となります。一時的に保管されているすべての素材の価値の合計、つまり建物から回収できる素材価値は、建設への投資額の15~25%になります。もちろん、実際の経済的価値はその何倍にもなるかもしれませんが、それは時間が経てばわかることです。労働力やエネルギーなど残りの部分は失われますが、これらは「無限資源」であるため、交換可能です。一方、「有限資源」は慎重に扱わなければなりません。最高の価値を保証するための重要な条件は、もちろん使用されたすべての素材が解体後に再び利用できるように設計され、建設されることです。

マテリアル・パスポートの最も広範な応用を、すなわち時間の経過とともに素材の価値をモニタリングすることを、われわれはまず、オランダのザイストにあるトリオドス銀行オランダ本社（184ページ）の建設で実践しました。これまで議論してきたTurntooモデルの原則に完全にしたがって建設しました。その結果、不動産ではなく、「移動産」が出来上がったのです。

トリオドス銀行は、1980年に持続可能な銀行文化を創造する目的で、オランダに設立された銀行です。社会的良心を持つオランダの経済・金融界のメンバーが、持続可能な資金運用の方法を模索した結果生まれました。それ以来、同銀行は、再生可能エネルギー向け金融、マイクロファイナンス、グリーン・ファイナンス基金など、多くの分野で先駆的な取り組みを行ってきました。数年前、『フィナンシャル・タイムズ』紙は、トリオドス銀行を世界で最も持続可能な銀行と評しました。そのため、トリオドス銀行の本社建物が同じ精神を反映しているのも不思議はありません。

RAUアーキテクツは1996年に同銀行初の自社ビルを建設しました。当時この建物が、エネルギーを最適化する機能を完備し、正面が再利用レンガで作られた、オランダで最も持続可能な建物であったことはいうまでもありません。そして2019年に、RAUアーキテクツが素材銀行として初めて構想し設計した、同銀行の3棟目の建物が落成しました。木造のフレームは16万5312本のネジで固定されており、完全に解体して別の場所に建て直すことができます。使用されるすべ

ての素材は、厳格なリサイクル基準にしたがって選択されたあと、マテリアル・パスポートに記録され、その価値は常にモニターされています。したがってこれは「不動産」というよりも「移動産」なのです。こうして、本来の銀行であると同時に、将来性ある素材銀行であるという、二つの役割を果たす建物が誕生したのです。

しかし、マテリアル・パスポートにはまだ進むべき道のりがあります。文書は公的機関によって承認されるまではほとんど価値を持ちません。同じように身元証明書も、それが承認され登録されて初めて価値を持つようになります。そうでなければ、文書はただの紙切れです。貨幣もそれ自体では、それに記された数字以上の価値がないのと同じです。

「図書館は、コミュニティが市民のためにできる
どんなことよりも優れている。
図書館は砂漠で湧き続ける泉である」

――アンドリュー・カーネギー

第7章

マダスター（Madaster）

マテリアル・パスポートは、
素材のアイデンティティを記録する方法だが、
中央登録簿がなければ、
司書のいない図書館の本のようなものだ。

登録され、記録され、保管されたもう一つの「限定版」である、地球の地表面について少し考えてみましょう。これは素材と同じく有限であり、それゆえ非常に価値があります。そのため、地表面は長い時間をかけて正確に測定され、記録されてきました。誰もが手にしたことのある世界地図では、陸地の広さや各国の国境がどこにあるのかを詳細に調べることができます。これらの境界線はときどき、自発的または非自発的に変更されますが、陸地の総面積は常に1億4843万平方キロメートルであることには変わりありません。

多くの国では、さらに国境内の個々の土地区画に関する記録をとっています。これらの土地は、いわゆる「カダスター」と呼ばれる土地登記所に継続的に記録され、保管されています。これは平和な社会にとって非常に重要なことで、隣人が突然あなたの庭に新しい小屋を建てたり、企業が工場用地の拡張のためにあなたの家を取り壊すことを簡単に決定できないようにしています。カダスターは、区画された土地がどのくらいの広さで、いつから誰のものなのかを示すものです。このように、カダスターは標準化されていると同時に、有意義なデータ・ライブラリーでもあるのです。たとえばオランダでは、1平方メートルとしてこのシステムに登録されていない土地はありません。実際、カダスターへの登録は土地所有者にとって便利なだけでなく、正当な理由により法律で義務付けられているのです。ギリシャはEU諸国で唯一、完全な国家のカダスターを持たない国です。1994年からこの土地登記簿を作成するために何百万ユーロものEU資金がギリシャに投入されてきましたが、

2018年現在、まだ土地の8%しか登記されていません。2021年までに土地登記が完了するはずでしたが、自治体でさえいまだに登記に苦慮しています。国も土地所有者も、土地がいったい誰のものなのかわからないという状況は、法的な混乱、投資家にとっての不安な環境、脱税、違法建築など、ギリシャ経済にとって望ましくない状況を長きにわたり生み出してきました[1]。

旧ソ連領における共産主義崩壊後の混乱は、土地の所有権が適切に記録されない場合に何が起こり得るかを示す好例です。ルーマニアでは、これはいまだに解決されていない問題です。トランシルバニアの原生林（ヨーロッパ最後の原生林）は、地元住民の意思に反して10年以上も組織的に伐採されてきました。これは、旧共産主義政府によって収用された土地が突如として再び私有化されたのちに、あいまいな状況が生まれた結果、可能となったものです。制度も存在せず、登記もされていなかったため、架空の書類を使って広大な土地を取得し、多国籍企業に巨額で売り渡すことは朝飯前だったのです。匿名性は、不法行為を生み出します。これは、人の扱いや素材や土地の取引においてもいえることです。

マダスター

素材を現在の用途から取り出し、経済システムのなかで継続的に活用するためには、そのアイデンティティが記録され、証明可能であることが必要です。つまり、マテリアル・パスポートを付与するだけでなく、これらのパスポートを中央管理所、つまり素材のための市民登録簿のようなものに登録できるようにしなければなりません。そのためには公的機関が必要です。

私たち筆者は、政府がいつかアイデアを採用して現実のものとしてくれることを期待しています。書いたり話したりするだけではなく、実用的な行動が必須だと考え、私たちは2017年2月17日、「マダスター（Madaster）」という独自のカダスターを立ち上げました。マダスターは、素材（マテリアル）の身元とその一時的な所在地がマテリアル・パスポートというかたちで記録される公開オンライン・データベースです。それらは中央アーカイブに登録され、保管されます。これにより、素材のアイデンティティが実際に認識され、認証されることになります。しかし、現代社会は物理的にも社会的にも複雑化しており、それにともない使用されるすべての素材を登録、記録、保管することは非常に煩雑であり、文書化にともなう作業量は膨大です。幸い、そのような世界の複雑化に比例して、ここ数十年で、技術の洗練度は飛躍的に向上しました。かつては人による業務と計算能力に頼っていたプロセスを、デジタル化によって効率的に処理する方法が開発されています。

とはいえ、効果的に自動化するには、ある程度の標準化が求められます。司書がみな、それぞれ独自のやり方で保管している図書館には、間違いなく混乱が生じます。これでは、誰も蔵書を俯瞰的に十分に把握することはできず、どこに保管されているか正確に把握し、本の状態を長期にわたって良好に保つことができません。私たちがマダスター財団を設立した理由は、素材の記録に関する標準を開発し、利用するためです。マダスター財団は、独立した公的非営利団体で、その目的は、素材の記録を通して廃棄物を完全になくすことです。これは、データ、知性、エネルギーによって、有限なものを無限に利用できるようにするという、私たちの主張を実践する方法なのです。

前述したように、建築環境では膨大な量の資源が使用され、そして失われています。マダスターを立ち上げたのは、特に自分たちが活動するこの業界において貢献するためです。EUと英国では建築素材の90%がリサイクルされていますが、そのほとんどが現在、主にダウンサイクル（品質や価値を低下させる再利用）に流れています[2]。建物の解体から出てくる素材のほとんどが、新しい建物ではなく道路の建設に使われているのです。アムステルダムだけで、毎年6億8800万ユーロ相当の建設素材がこのようにして建物の建築部門から流出し、ダウンサイクルの過程においてその価値の50%が失われています[3]。しかも、オランダは二次資源の利用において世界的なリーダーであるにもかかわらずです[4]。したがって、もし建築分野だけでも登録されたマテリアル・パスポートを使用するよう説得できれば、大きな違いを生み出すことができるでしょう。

2017年2月にマダスターを立ち上げてから、建設、IT、財務、プロセス管理分野のさまざまな専門家が共同研究を行い、33の建設セクターの組織から知識と資金面で支援を受け、7カ月の開発期間を経て、2017年9月29日にこのプラットフォームがオンライン上で公開されました。それ以降、このプラットフォームには個人、企業、官庁、学者がアクセスできるようになっています。2022年夏以降、オランダ、スイス、ドイツ、ノルウェー、デンマーク、フィンランド、ベルギー、オーストリアで稼働しており、現在、これらの国に加え、世界4カ国で開発中です。マダスターは、「プラットフォーム・アズ・ア・サービス」(PaaS)のかたちで、登録された各建物のマテリアル・パスポートを作成し、使用されている素材とその数量を記録・保存するサブスクリプションサービスを提供しています。さらに、それらの素材の品質と正確な場所の情報も管理しています。

マダスターはまた、いわゆる「循環性指数」を計算し、それにもとづいてその素材の再利用可能性がどの程度事前に考慮されているかを示すスコアをマテリアル・パスポートに与えます。そのスコアは、金銭的評価に直接的影響を与えます。このプラットフォームのソフトウェアは、これらのすべてを自動的に行うことができます。マダスターは、BIM(ビルディング・インフォメーション・モデリング)のデータや、ユーザー組織が新しい建物を登録する際に使用するほかのモデルのデータと連携して機能します。マダスターは数多くの外部データベースに接続されているので、他のソースからデータを追加してBIMの情報を充実させることが可能です。このプラットフォームは、あらかじめ設定された基準にもとづき、素材とその構成物、構造的な接合状態を査定します。これにより、その建物の情報がデジタル化された、いわゆる「デジタルツイン」(現実空間の環境を仮想空間に再現し、モニタリングやシミュレーションを可能にする)が作製され、ユーザーに対してメンテナンス、必要な改修、素材の再利用性に関する重要な情報が提供されます。この情報は、不動産所有者のＥＳＧ（持続可能性）報告にも利用することが可能で、マダスターによって明らかにされた建物のCO_2フットプリントなどのデータを、迅速な問題解決に向けた指針として活用することが可能です。ＳＢＢ（スイス連邦国鉄）のサステナビリティ責任者であり、スイスにおけるマダスターの最初のパートナーの一人であるユーグ・シュナイダーは、マダスターを「建物を持続可能に管理するための重要なツールとみなしている」と述べています。

つまり、循環性指数は、設計や素材の使用方法によって素材の再利用がどの程度容易にできるかを示すものです。これは、ソフトウェアによって計算される建物の金銭的評価に影響します。このプラットフォームは、過去から現在までの実際の金融および市場データにもとづいて、建物の現時点での素材価値を算出する、複雑なアルゴリズムを搭載しています。私たちは、循環性指数が建物の設計に影響を与え、最大限の再利用を可能とする設計が採用されることを期待しています。建物の循環性指数が高ければ高いほど、建物自体が不要になったときの素材価値は高くなります。これは、建物の所有者、投資家、銀行にとって自らのリスクを制限できる有益な情報となります。

また、建物の残存素材価値は、現在は減価償却されていますが、将来、損益計算書に計上されることが期待されます。これは、多くの企業の損益計算書にプラスの影響を与える可能性があります。これは決して都合のいい粉飾などではありません。ドイツ経済監査士協会のスポークスマンであるクラ

Training / Training / Performance
Circularity
27%
Detachability
37%
Embodied Carbon (GWP)
82.93t CO2e
Net Present Value (NPV)
58.83K€
Services
Space plan
Stuff
Surroundings
Unknown
Benchmarking

ウス・ピーター・ナウマンは、「すべての実質的価値は、財務報告書に正確に含まれなければならない。それ以下で妥協するという選択肢はない」と言っています。ちなみに、輸送業界では、コンテナについては以前からこのようなことが行われてきました。つまり、減価償却は行われず、スクラップ価額が正しく計上されています。鋼鉄製の桁《けた》や木造の構造物でも同じことができないのでしょうか?[5]

マダスターの開発において重要な役割を担っているのは、現在、不動産ポートフォリオを購入し、管理している投資家です。「循環型経済がますます重要になってくるにつれ、大口投資家は、自分のポートフォリオのエコロジカル・フットプリントについて、もっと知りたがっています」と、コメルツ・リアルのサステナビリティ担当マネージャー、サラ・クルーガーは言います。また「マダスターは、政策立案者が今後業界に課すであろう規制を先取りしています」とも述べています。ここでクルーガーが念頭においているのは、建物のライフサイクル全体での素材消費や温室効果ガス排出について、今後数年間で強化されるとみられるEUの持続可能性に関する規則のことです[5]。

建築家や設計者がこのプラットフォームをシミュレーションに使用できるようにすることで、建物内の素材の量を確認したり、実際に建てる前に建物のシミュレーションを作製したりすることもできます。3Dモデルをアップロードすれば、ユーザー組織は自らの循環性スコアを予測し、そのスコアが時間とともにどう変化するかを把握することができます。素材や製品の選択や建設方法を調整することで、建築家やデザイナーは建設を開始する前に、建物の再利用可能性を向上させることができるのです。同様に管理面においても、購入や建設開始前に、建物の長期的な維持管理費用を把握できることは、価値があるものです。このような観点において、プライバシーがきわめて重要となります。ユーザーは自社の建物に関する機密情報をマダスターに提供しなければなりません。したがって、データの所有権とそれにともなうプライバシーを保護し、保証するための信頼性の高い技術を導入することが私たちにとって不可欠でした。そのため、プラットフォームの開発にはマイクロソフト・アジュールが選ばれました。素材使用に関するデータを将来のために保存することが重要であるように、その情報を現在において秘密に保つことも重要です。そのため、マダスターに保存された個々の建物に関する情報は、その建物の所有者の所有物であり、所有者のみがアクセス可能です。所有者は、いつ、どの程度の情報を公開するかを自分で決めることができます。これは、個人が社会登録簿に保存されている自分自身の個人データにしかアクセスできないのと同じことです。建物が取り壊されたり解体される際に、所有者はその情報を中古素材の販売者と共有したり、製品や資源が再び入手可能になったことを元の供給者に通知したりすることを選択できます。

2017年9月のマダスターの立ち上げ以来、のべ5000万平方メートルを上回る建物がマテリアル・パスポートを保持しています。これにより、場所ごとに整理された素材に関する情報の重要な保管所が生まれました。建築環境のための公共の素材ライブラリーです。

私たちはマダスターによって、素材が匿名のまま消滅する事態を防ぐ安全な基盤を作っているの

madaster

です。建物は、徐々に素材鉱山から、素材貯蔵庫、そして素材銀行へと変わろうとしています。

デジタル・トップ50アワード（Google、マッキンゼー、ロケット・インターネットによって授与される賞）の審査員は、経済システムに関する私たちのアイデアの重要性を評価し、マダスターは２０１８年に「社会的インパクト賞」を受賞しました。

これまでマダスターは、すべての使用素材の約40％を占める建築環境分野における素材の記録に焦点を当ててきましたが、現在、この焦点をインフラストラクチャーと工業生産の分野へと拡大中です。種類の違う製品の素材でも、当然同じように適用できるからです。結局のところ「すべての」製品は資源の集合体であり、これは建物だけに限ったことではありません。究極的には、「匿名化よりもデジタル化」をモットーとして、経済活動に使用されているすべての素材のためのライブラリーが必要です。しかし、そのシナリオを実現するためには、まず生産者の収益モデルを変革しなければなりません。生産者が製品の所有権を売ることをやめて、製品の使用権を売るようになり、それぞれの製品にマテリアル・パスポートが付与されて初めて、効果を発揮することになるでしょう［6］。

こうすることで、地球という閉鎖型システムの資源や素材をみなで保護することができると同時に、生産者は永久の収益モデルを実現することができるのです。ここで残された疑問はただ一つ。このような方法で、資源や素材の安全性を保証することができるのか、それともそのために素材の権利についても考えるべきなのか、ということです。

「真の拒否権を持つのは自然である」

――エリック・デ・ロイテル

第8章

世界素材権宣言

人々が権利を持つことは、今では当たり前のことである。しかし、私たちの生活を可能にしている素材には、実際にどのような権利があるのだろうか？それについては何も記録されていない。

2018年12月10日、私たちは行動を起こした。

第二次世界大戦後、1945年10月24日に国際連合が設立されました。この政府間機関は、当時世界各地で顕著だった国際紛争がもたらす壊滅的な影響から、未来の世代を守ることを目的としたものです。国連総会、国際司法裁判所、安全保障理事会、経済社会理事会など、さまざまな国際行政機関が設立されました。

経済社会理事会は、経済および社会面での人権保護に向けて、各委員会を招集する重要任務を担いました。こうして設置された委員会の一つが、元米国大統領夫人エレノア・ルーズベルトを委員長とする国連人権委員会でした。史上初めて「世界人権宣言」を策定するために、世界のあらゆる地域から代表が一堂に集まりました。

「本日、私たちは偉大な出来事の入り口に立っています」と1948年12月10日、国連総会で彼女は演説し、同日、この宣言書は国連で正式に採択されました。総会は全加盟国に対して、「政治的地位や国や地域の区別なく、特に学校やその他の教育機関で普及、表示、閲覧、説明されることを確実にするため」、この宣言を公表するよう呼びかけました。ギネスブックによれば、世界人権宣言は世界で最も翻訳された文書となっています[1]。

このように、すべての人間がただ人間であるという理由で法的保護に値するという考え方は、歴史的に見れば比較的新しいものです。多くの古代文化の伝統や文書に根ざしているとはいえ、人権が国際的な議題として実際に取り上げられ記録されたのは、ほんの半世紀ほど前にすぎないのです。それ以前は、人々はおもに家族、民族、宗教、階級、共同体、国家といった集団の一員として権利を得ていました。権利は支配者によって付与されるものだったのです。集団の一員でなくなると同時に、その人の権利も消滅しました。

実は、世界人権宣言は、人権そのものについて記録した最初の文書ではありません。英国の「マグナ・カルタ」（1215年）、「権利章典」（1689年）、フランスの「人間と市民の権利の宣言」（1789年）、米国の憲法と「権利章典」（1791年）など、前身となる文書は数多く存在します。しかし、これらの文書にもとづいた政策は、国家または特定地域に限定されたものであるうえ、女性、肌の色の異なる人々、特定の宗教的、政治的、経済的集団など、民衆の大部分を排除したものがほとんどでした。

したがって、世界人権宣言の制定は、いかなる人間も権利を持たない状態に陥ることのない世界に向けた、大きな一歩でした。人間は決して「人間であること」を失ってはなりません。残念ながら今日に至っても、人権を侵害することは「可能」ではありますが、少なくとも1948年12月10日以降、それは犯罪行為となったのです。

THE UNIVERSAL
OF Human

権利を持つ権利

世界中に、国籍を持たない人々が何百万人もいます。法的には、彼らは「どこにも属さない」わけです。彼らは限られた権利しか主張できず、搾取や差別の対象となりやすく、無期限に外国人拘留所に留置される危険性があります。このことは、国連やEUなどにおいて懸念事項になっています。しかし、ほとんどの人々は、国籍を当たり前のものと考えています。サッカーのワールドカップ期間中に突然明らかになるように、国民は、国籍によってアイデンティティの一部を授かっています。また、「自国」に居住する、あるいは「自国」に戻るという基本的な権利も、国籍によって授かっているのです。国籍を持つことで、住宅、教育、介護などの社会的権利や労働市場へのアクセスといった経済的権利など、日常に必要な多くのことが可能になります。国籍をもつ権利が「権利を持つ権利」と言われる所以《ゆえん》です［2］。

無国籍の人々は、国家が存在しなくなった場合など、その国家から権利を授かることができません。このような人々が持っていない重要な文書が、身元証明書であるパスポートです。簡単にいえば、アイデンティティの登録書であるパスポートは、あるサークル（国家）の会員証のようなものです。その会員（国民）であれば、そこから特定の権利を授かることができます。

しかし、世界人権宣言は、国籍とは関係がありません。国民であろうとなかろうと、すべての人間を保護するものであり、「人間であること」以外の何も要求しません。それは、一種の自然権です。同時に、世界人権宣言第15条では、すべての人間は国籍を持つ権利があり、したがってパスポートを持つ権利があると規定されています。このように、人間であることにもとづき、すべての人間は権利を持つ権利を持っているのです。

かつて人々の権利が集団における特定の役割や集団のアイデンティティに結びついていたように、素材の権利はいまだにこれと同じ状況にあります。つまり、素材は「生産手段」としての役割において、あるいは製品を構成する素材群の一部である限りにおいてのみ、アイデンティティを付与されているのです。その役割（たとえば半完成品）や素材群のアイデンティティ（「ノートパソコン」や「建築物」）が失効してしまうと、個々の素材や資源は通常、匿名に成り果てます。それらは身元証明書を「所有」していないがために、いわゆる「無国籍者」となってしまうのです。

前章で述べたように、その結果、資源や素材は大幅に失われることになります。アイデンティティまたは身元証明書を持たない素材は、単に廃棄物に成り果てるだけであり、その匿名性のなかでは、あらゆるものが等しく無価値に近いのです。これを防ぐために、私たちはマテリアル・パスポートという素材の身元証明書にあたるものを考案したわけですが、まだもう一歩先に進まなければなりません。

世界人権宣言によって、記録されたアイデンティティとは関係なく権利を持つことが当たり前になりました。ただ人間であるだけで、授かることのできる権利のことです。このような権利が認められるようになったのは、第二次世界大戦の惨禍と、人類に自己破壊の可能性を意識させた原子爆弾の破壊力の経験があってのことです。

しかし、現在の自然破壊は、第二次世界大戦の荒廃とその規模に匹敵するといっても誇張ではないレベルにまで達してきています。肥沃な土地の破壊、気候変動問題、あるいは「プラスチック・スープ」と呼ばれる海洋に浮遊する5兆個のプラスチックが海洋生物に大きな危険をもたらし、人間にまで深刻な健康被害をもたらしていることなどを考えてみれば、すぐにわかるでしょう[3]。人類の存続は、依然として存在する核戦争の脅威にさらされているとともに、私たちがどう自然に接するかによって生じる環境問題の脅威にもさらされているのです。素材も同様に、常に乱暴な力の犠牲になっているといえないでしょうか。素材は、私たちが「存在」するための前提条件であり、人々の生活を可能にしているにもかかわらず、その能力を発揮できずに乱用され、焼却され、廃棄されてしまうのです。素材にはいかなる法的保護もないため、誰も罰されることなく、組織的に完全に破壊されるのです。しかし、素材が私たちの快適な生活に不可欠なものであることを認識すれば、もはや直線型経済における使い捨て資源として扱うことはできないでしょう。もし私たちが、真に収穫社会と、人間と地球の健全な関係にもとづく経済を目指すのであれば、素材にも普遍的な権利、つまりすべてのものの「存在」を可能にする自然権が与えられるべきです。「誰もが平等である」ことは、自然の法則がそうであるように、「すべてが等しく重要である」こととほとんど違いはありません。人間にとっての主権は、素材にとっての不可侵性にあたります。それゆえに、私たちは「世界素材権宣言」を提唱するのです。

この文書に規定される権利は、概念的に世界人権宣言に規定された権利に密接に関連しています。たとえば、アイデンティティによる権利によって難民が不法状態に陥ることを防がなければならないように、素材についても、廃棄物になってしまうことを防がなければなりません。人が虐待されたり劣悪な扱いを受けたりすることが望ましくないのと同様に、素材もその有用性を失うことがあってはならないのです。たとえば、化学的プロセスの影響によって物質の成分が変化し、その過程で素材が永遠に失われてしまうならば、素材が持つ純粋さと有用性への権利は侵害されたことになります。

この新しい視点は、私たちの倫理的な面のみならず実務的な面においても、変化をもたらします。世界素材権宣言を認識することによって、まず第一に、素材、資源、そして自然に対する私たちの態度が確実に変わるでしょう。そして、私たちの生活を可能にしているものに対する敬意を取り戻し、私たちの行動がもたらす永続的な結果に対する責任を持つようになるでしょう。

さらに、実務的な面については、このような認識を持つことで素材は「素材であること」にもとづき身元証明書を取得する権利を付与されるため、もはやそう簡単に失われることがなくなります。こうして、閉鎖型システム内の有限な物理的資源に由来する資源や素材を、無限に利用可能にし、使い続けられるようにする、という理想にさらに近づくことができるのです。

Turntooが専門家と共同で作成した「世界素材権宣言」の全文を本書巻末（284〜295ページ）に掲載しています。

戦争と平和

私たちが資源や素材を消費することは、短期的にも長期的にも、深刻な経済的、環境的および政治的な結果をもたらします。そして、大量破壊兵器と同様に、人類の存続にとって大きな脅威となります。素材や資源をどう扱うかは、気候変動とも密接に関係しています。調査によれば、温室効果ガスの排出を削減するうえで、素材を保全することが重要な役割を果たすことがわかっています。事実、工業生産にともなう総エネルギー消費量の約4分の3は、資源の抽出に費やされているのです。地球の気温上昇を1・5度から2度に抑制するには、パリ協定で合意された対策だけでは不十分であることは周知の事実です。しかし、循環型経済を実施することで、パリ協定の目標と実際の達成可能水準とのギャップを50％削減できることが調査で明らかになっています。さらに、循環型経済は来たるべき水の危機にも大きな変化をもたらすことができます。調査によれば、循環型アプローチによって、バングラデシュだけでも、都市、工業、農業地域において年間202億立方メートルの水を節約することができます。また、人権と素材権は地政学的に直接関係しています。つまり戦争と平和に深くかかわっているのです。

実際、資源獲得競争はしばしば致命的な紛争を引き起こしています。リベリアの木材、シエラレオネのダイヤモンド、コンゴの金やコバルトは、フランク・ヴェレンガとピト・ドゥーマのドキュメンタリー映画『Africa: war is business（アフリカ：戦争はビジネスだ）』（2006年）において描かれているように、アフリカの悲惨な内戦の火種となっています。また、国際的なシンクタンクは何年も前から、水や肥沃な土壌といった資源へのアクセスをめぐる地政学的な緊張の高まりについて警告してきました。国連は、「天然資源をめぐる紛争の防止と終結をめぐる課題の解決が、21世紀の世界平和と安全の決め手となる」と述べています[4]。

要するに、資源の管理は、政治的な影響をまぬがれず、環境汚染だけの問題にとどまらないのです。戦争、児童労働、悲惨な労働条件、貧困といったかたちで、世界中の何百万もの人々の生活に広

範囲に及ぶ社会的影響をもたらしています。紛争地域からの希少資源の供給への依存が少ない経済を実現することができれば、それは人々に好影響を与えるでしょう。これらの資源は多くの場合、多大な労力と犠牲をともなって採掘されるにもかかわらず、短期間使用したあとには引き出しの肥やしや廃棄物の山になってしまうのです。

この観点から、人権と素材権は、概念的にだけでなく、現実的にも切り離せないほど相互に結びついていることがわかります。実際、自然侵害は人権侵害とは密接に関係しており、その逆もまたしかりで、人権侵害はしばしば自然侵害をともないます。科学兵器を使った戦争が起きれば、何ヘクタールもの肥沃な土壌が汚染されるでしょうし、戦闘機が環境に優しいかどうかなど一切考慮されることはないでしょう。

そのため、私たち筆者は、現在広く行われているような民主主義やエコロジーの経済化ではなく、むしろ自然の法則に則って、経済を民主化および「エコロジー化」すべきだという立場をとっています。素材を保全することで、素材は無限に利用可能であり続けることができます。なぜなら、自分自身がそうされたいように素材を扱えば、未来の人類だけでなく、現在の地球に住む人類にとっても住みやすい地球を実現できるからです。循環型アプローチは、国連の「持続可能な開発目標（SDGs）」のいくつかに直接的に貢献します。その最たるものが、目標12「つくる責任、つかう責任」であることは言うまでもありません。そのほかにも、目標2「飢餓をゼロに」、目標6「安全な水とトイレを世界中に」、目標7「エネルギーをみんなに。そしてクリーンに」、目標8「働きがいも経済成長も」、目標11「住み続けられるまちづくりを」、目標14「海の豊かさを守ろう」についても、大きく後押しすることができます。ただし、これには、循環型アプローチが体系的かつ厳格に実施されることが条件となります[5]。

2018年12月10日

人権の概念は、社会に深く定着しました。人権は政治的・外交的協議において常に重要議題となっており、人々が互いにかかわり合う方法に根本的な変化をもたらしました。私たち筆者は、世界素材権宣言をもって、同様の変化を素材についてもうながそうとしています。そのため、2018年にニューヨークを訪れ、世界人権宣言の70周年記念日にあたる12月10日に、次のようなメッセージを添えて国連に世界素材権宣言を提案したのです。「地球はすべての資源と素材の唯一の正当な所有者である。真の拒否権を持つメンバーはただ一つ、それは自然である」[6]。

「この家は私のものであるがそうではない。次にここに住む者もここを離れる。そして、3番目の住人に受け継がれたとき、彼の魂は鳥のごとく飛び立つ。ある日、4番目の住人が入ってくる。この家は一体誰のものなのだ?」

——(ドイツのある古い農家の家の壁に書かれたもの)

第9章

マテリアル・アズ・ア・サービス 素材の所有を再考する

製品がサービスとして提供されれば、消費者は製品の所有者ではなくなり、製品のユーザーとなる。サービスの提供契約が終了すれば、製品を構成する素材は必ず生産者へ戻ってくる。しかし、生産者がその素材をもはや必要としなくなった場合はどうなるのだろうか。

筆者の家族史には、ドイツの林業にかかわるとても興味深い話があります。トーマス・ラウの祖父母はドイツ中西部の山地にあるジーガーランドで農家を営んでいました。祖父の仕事の一つは、ハウベルグ（山の皆伐《かいばつ》の意味）と呼ばれる、コミュニティによる森林管理のための共同体を率いることでした。その共同体方式は、16世紀にその地域で誕生したものです。

ジーガーランドは鉱石に富み、ケルト人の時代（紀元前700～200年ごろ）に遡る昔から、鉱業が盛んに行われていました。そのころ、森林は溶鉱炉に必要な木炭を生産するために利用されていました。紀元前200年ごろには、かつて木の生い茂った山は伐採し尽くされ、ケルト人はその地を去っていきました。その地が回復し、人々が山に戻ってくるのに800年以上もかかりました。ジーガーランドに再び人が住み着いてからほどなくして、再び、鉱業のための木炭の生産が森林を脅かすようになりました。しかし今度は、住人たちは森林伐採が自分たちの生存への脅威となりかねないことに気づき、手遅れになる前に対処しました。16世紀、ナッサウとサインの伯爵たちは、森林の所有を共同体が管理するという新しい森林管理システムを導入したのです。このシステムのもとで、かつての森林の所有者たちは、それぞれが所有していた土地の広さに比例した森林の持ち分を受け取りました。各共同体の森林地帯は16から20の区画に分割され、どの区画も16年から20年に1回だけ皆伐されます。森林が回復するまでに十分な時間が与えられたことで、森林は、それ以降何世代にもわたって存続したのです。

こうした利用の制限は、森林が再び消失するのを防いだだけでなく、木炭燃焼のみを目的とした単一サイクルでの単作から、多次元的な森林からの価値抽出方法への移行をもたらしました。木炭に加えてタンニン樹皮や薪が求められるようになると、土地の区画は、林業のほかにも、木材の伐採後数年間はライ麦やそばや小麦の栽培に、その後はコミュニティの牧草地として、利用されるようになりました。

ハウベルグは重要な社会的機能も担っていました。そこでの作業の多くは、共同体の人々の協力が必要であり、1年のうちの数日間に集中して作業を実施しなければならないものもありました。タンニン樹皮の剝離作業がその一つで、この作業のために、コミュニティ全員が森林に集まったのです。20世紀に入ってからは、タンニン樹皮と木炭の需要は減り、森林地帯のほとんどは高木管理の対象となりましたが、今日に至るまでハウベルグ共同体は存在し、大切な地方文化の一部となっています。

この逸話には、複数の興味深い側面があります。それは素材という観点において、私たちの未来にも当てはまるものです。まず第一に、単作から、転作や複数サイクルへの変更です。これは、限られた資源から多元的な価値を創出する方法として大変重要です。二つ目は、森林地帯のコミュニティによる管理が生み出した社会的団結が、乱用と破壊をほぼ不可能にした点です。三つ目は、ハウベルグがコミュニティによる所有であると同時に個人の所有である点です。各家庭は共同体が管

理する森林地帯の一角を所有しています。コミュニティによって担われ、何世代にもわたって受け継がれてきた責任が、何世紀ものあいだ、限られた資源の利用のみならず保全も可能にしているのです。この話から着想したのは、素材についても同様に、利用するだけでなく保全する方法を考え出すことはできないだろうか、ということでした。

素材は誰のものか？

本書の中心となっている問いは、現在の世代が繁栄し、物質的なニーズを満たすことを可能にすると同時に、将来の世代のために同じ素材を保全する経済システムをどのように構築できるか、ということです。前章では、もし実行されれば、素材をかなり長期にわたって保全できる状況につながるいくつかのステップについて述べてきましたが、より根本的なステップが必要だと考えています。前章までのすべての例の実現可能性は、現実のプロジェクトで試され、確認されたものであるのに対し、本章のアイデアはより思考実験的なものであり、挑発的とさえ受け取られるかもしれません。したがって、読者のみなさまには、ちょっとした知的冒険にお付き合いいただきたいと思います。

世代間の視点で素材について考察すると、「素材は誰のものか」という問いが生じます。有名なスイスの時計メーカー、パテックフィリップの考えを借りて、あえてこう宣言します。「あなたは決して本当に素材を所有することはありません、単に次の世代のためにその世話をするだけなのです」。この考え方は、スイス時計やその他の貴重な家財についても共通するものです。つまり、次の世代にとっての実用性を保全する限りにおいて、使用することが許されているのです。ここでは、実は私たちは、少なくとも頭のなかでは、所有権を使用権に置き換えていると言えます。これはハウベルクで起きたことと同じです。

私有財産の廃止を提案するつもりはありませんが、金銭的価値あるいは思い入れのある物を所有することから学び、その扱い方や保全方法を、日常生活で使用するすべての素材にまで拡大すべきだと考えているのです。それらの素材から作られた製品の多くには特段の愛着はありません。洗濯機やテレビ、ミキサーを孫の代まで受け継ごうとは決して思わないでしょう。しかし、これらを作っている素材は、孫の世代のために保全されなければならないのは確かです。そのため、無責任な所有というかたちではなく、サービスモデルというかたちでこれらの製品の使用を促進するほうが賢明です。しかし、これは私たちだけでできることではありません。企業でさえ、1社単位では、おそらく何世代にもわたって素材を保全することはできないでしょう。したがって、集団的にこれを制度化する必要があるのです。

限られたシステムのコモンズ（共有物）を管理する

「ライフスタイルと自然環境の両方を維持するために必要な共有資源に対して、人々が集団で責任を負うような仕組みに対する関心が明らかに高まっている」とオランダの哲学者、ハンス・アハターハウスは2010年に書いています[1]。何十年もの間、共同体という理念は悪評高いものでした。旧ソビエト諸国の経済が喚起したイメージ（そこでは重厚な政府機構が個人の起業家精神を完全に窒息させていた）に加え、コモンズ（共有物）のメリットは、ある有名な学術出版物によってきっぱりと否定されたように思われました。1968年、世界有数の学術雑誌『サイエンス』は、カリフォルニアの生態学者ギャレット・ハーディンの論文「コモンズの悲劇」[2]を掲載しました。そこに彼は以下のようなシナリオを書いています。

「すべての人に開放された牧草地を思い浮かべてほしい。

牛の飼い主は、できるだけ多くの牛を共有地に放牧しようとするだろう。このような取り決めは、何世紀にもわたってそれなりに満足に機能するかもしれない。なぜならば、人と家畜の数は、部族間の抗争や疫病によって、土地の収容力をはるかに下回って推移するからだ。しかし、ついに年貢納めの日がやってくる。つまり、社会の安定という悲願が現実のものとなる日である。この時点で、コモンズ固有の論理は容赦なく悲劇を引き起こす」

彼は、さらに、経済学、社会心理学、ゲーム理論の世界で有名になった理論を説明します。この「コモンズの悲劇」は、海の魚からオフィスの冷蔵庫の食料に至るまで、個人のグループが、共有資源を集団で利用する場合に生じるとされています。ハーディンの論文が発表されると、そのタイトルはたちまち有名なキャッチフレーズになりました。キャッチーな比喩は一般受けしますが、複雑な経済学の世界ではそれにも増してもてはやされます。複雑な状況を説明する単純な理論には、一種の美的優雅さがあり、誰にでも理解できるからです。それゆえに政治的に利用されることがありますが、常に正しいというわけでは決してありません。

コモンズの復活を主張し始めたのは、もう一人の米国の科学者でした。2009年に女性初のノーベル経済学賞受賞者となったエリノア・オストロムは、現在の政治および経済パラダイムの根底にある仮定、つまり現代人を完全に自己利益にもとづいて行動する「ホモ・エコノミクス」または「経済人」とする考えに反論しました。1968年にハーディンの講義を聞いたとき、彼女は衝撃を受けたのですが、それは彼に同意したからではなく、彼が間違っていると確信したからでした。オストロムは長年の研究の結果、人間はより大きな善のために協力することができ、共同体の利益は目先の自己利益と同等かそれ以上に重要とみなすことができる、という見方に確信を得ました。彼女の広範な研究は、さまざまな場所における共有資源のガバナンスを中核としたものです。

オストロムは、徹底的なフィールドワークを通じて、経済学者や政治学者がこよなく愛し彼女を説得しようとする理論モデルのどれよりも、現実ははるかに複雑で多次元的であることを発見しました。オストロムは、コミュニティがなんら悲劇を生むことなく、共有資源を適切に管理できる設計原理をいくつも発見しました。彼女が発見したのは、共有資源が過剰に採掘されるのは、資源の利用に関して集団的責任やルール、透明性が存在しない状況においてのみだということです。そして最も重要なのは、共有資源の集団での管理が、実際のところ、将来の世代のために保全すべき限られた資源の利用を規制するのに非常に適していること、そしてそのような資源の集団的管理方法は、「資本主義社会のもとでも」[3]存在しうることを見出した点です。

オストロムは、世界的な資源の過剰採掘とハーディンの有名な牧草地との間に、類似性をたしかに見出したのです。しかし、今日の世界では、これらの資源が共有財産として扱われていないため、私たちは本当の意味で、コモンズの悲劇について語ることはできません。むしろ、主のいない土地の悲劇と呼ぶべきでしょう。

このことは、すでに指摘したように、力と責任の分離が現在の経済システムの根本的な問題である、という点につながります。つまり、大きな課題は、いかにして力と責任を再統合するかということです。地球というシステムにおける限られた物質的資源を集団的かつ責任を持って管理するためには、どのような設計原理と管理構造が必要なのでしょうか？　素材が現在において利用され、かつ未来の世代のために保存されるようなかたちで、素材の所有を組織化するにはどうすればよいのでしょうか。

私たちがここで提案するモデルは、一連の連続したステップを通じて、新しいバリューチェーンにつながるように設計されています。これらのステップはすべて構成要素となり、それらを組み合わせることで、素材の保存を促進し、廃棄物を排除するシステムを形成することができます。

Turntooモデル

ステップ1：プロダクト・アズ・ア・サービス（永続的な生産者責任）

製品がサービスとして提供される場合、生産者は製品のライフサイクル全体に責任を持ち、消費者は一定期間製品を使用する権利に対して支払いを行います。この期間中、生産者は製品の性能、修理、ときにはアップグレードに対して責任を持ち続けます。

ステップ2：素材貯蔵庫としての製品（モジュール設計と組み立て）

契約が終了すると、製品は生産者に戻ってきます。生産者は、その製品を別の消費者に提供するか、別の製品に作り変えるか、製造に使用した素材をまったく別の目的に再利用するか、あるいはそれらの素材を別の生産者に販売することができます。そのためには、生産者が製品を素材貯蔵庫として設計・製造していることが必要です。製品とそのすべての構成部品は完全にモジュール化されていなければならず、また素材レベルでの再利用の可能性が一つとして失われていてはなりません。

ステップ3：マテリアル・パスポート

製品は長期にわたって使用される可能性があるため、使用される素材に関する情報はマテリアル・パスポートに記録されなければなりません。生産者はこのマテリアル・パスポートに、個々の製品や建物の生産に使用された素材や資源の正確な情報を記録します。

ステップ4：マダスター（Madaster）

マテリアル・パスポートをマダスター・アーカイブに登録することで、生産者の存続とは無関係に、素材の保存が保証されます。素材が登録されることで、その所在、金銭的価値、個々の素材の再利用の可能性が透明化されます。情報を標準化することにより、情報の共有と再利用素材の市場の形成が可能になります。

ステップ5：世界素材権宣言

一方、「世界素材権宣言」は、個々の素材や資源の権利を保護するものです。たとえ何らかの理由でマテリアル・パスポートが失われたとしても、それらの素材や資源のアイデンティティと有用性の権利を保持します。

このように、五つのステップを踏むことで、私たちは素材が失われることのない経済モデルに向かうことができます。しかしそれでも、これらのステップは今ある直線型チェーンの最後尾に働きかけているにすぎません。このステップを採用することで、現在のシステムの直線的で一次元な視点から脱却することはできますが、一つの重要な疑問が残されています。生産者が（何らかの理由で）その素材を必要としなくなるか所望しなくなるか、ほかの生産者に売ることができなくなったとき、素材はどうなるのでしょうか？　この疑問に対する答えが見つからなければ、素材が失われるリスクは依然として残ります。一方、起こり得るもう一つの問題は、資源の独占です。大手生産者が資源や素材を「買い溜めする」ようになり、市場のバランスが崩れる危険性があります。こうした事態を防ぐためには、サプライチェーンをより抜本的に再編成する必要があります。したがって、システムを遡って修正するのを止め、チェーンの最初の段階から、素材の使用条件に関する合意を形成し始めるときが来ているのです。究極的には、私たちが依存するサプライチェーンに関するまったく新しいアーキテクチャーが必要です。それは、資源が永遠に循環することが可能となるアーキテクチャーです。

ステップ6：マテリアル・アズ・ア・サービス

このステップを設計するためには、現在の所有の概念を再考する必要があります。未来の世代のために素材を保全すると同時に、現在の素材の使用（所有でなく）を促進するにはどうすればよいかを考えなければなりません。ハウベルグの例が、所有に関するすべての権利を譲渡することなく素材を使用できるモデルを見出すのに役立つはずです。

所有の従来の定義では、四つの異なる市民財産権があります。

1・所有物を、直接、改変することなく使用または享受する権利（使用）
2・所有物から利益を得る権利。農作物の販売、不動産や付属動産の賃貸、入場税など（用益権）
3・所有物を、消費または破壊することによって改変する権利（たとえば、利益を目的に）
4・財産を他人に譲渡する権利（売買、交換、贈与など）

これら四つのそれぞれの利益は、異なる当事者間で分割することもできます。ある当事者が物の所有者である一方で、使用権や用益権をほかの誰かに譲渡することもできます。

大局的に見れば、資源の所有権（財産権4）に関する世代間契約が必要であることは明らかです。現在の世代は、共有資源の管理者として行動しなければならず、素材を使用したり、その使用から利益を得たりするなど、最初の二つの権利のみを行使する資格があるにすぎません。この観点から、3番目の権利、すなわち素材を廃棄物に変える権利の適用は支持されません。興味深いことに、この財産権の正式なラテン語名は「abusus」（訳注：英語で乱用を意味するabuseを連想させる）で、「abusus」を文字通りに資源に適用することは地球の未来に対する直接的な脅威と考えられるのです。

したがって、価値破壊の連鎖を起こしているに等しい現在のバリューチェーン全体を見直す必要があるのです。筆者が思い描く方法は、素材を加工する権利を、消費ではなく使用にもとづく条件に結びつけることです。

所有に付随する四つの財産権すべてを取得する代わりに、消費者（ユーザー）は製品を使用する権利に対してのみ対価を支払います。一方、生産者は用益権のみを取得します。この用益権は、素材の保全とその使用可能性の恒久的な保証を要求する契約上の義務とともに、バリューチェーンを伝って受け継がれることになります。消費者と同様、生産者も素材の所有をすることはありません。もちろん、製品を作るために素材を使用することには変わりありませんが、素材と資源の所有は、地球という唯一の当事者のもとに留まるのです。

では、これをどのように実現すればよいでしょうか？　バリューチェーン全体を根本的に再編成し、鉱山から消費者に至るまで、すべての契約を「所有」ではなく「使用」のモデルにもとづいて行うのです。つまり、プロダクト・アズ・ア・サービスの収益モデルにおいて、生産者が消費者に製品をサービスとして提供するのと同じように、鉱山業者さえもが素材や資源の販売をやめ、生産者にそれらをサービスとして提供しなければならなくなるわけです。こうして、「マテリアル・アズ・ア・サービス」という第二のモデルが生まれます。これは、製品や建物だけが素材貯蔵庫であるのではなく、究極の素材貯蔵庫はもちろん地球である、ということにもとづくものです。そして生産者は、所有するのではなく、ただ預かっているだけです。いわばこれは、資源や素材の、現代版の世界規模での共有資源管理なのです。

資源がサプライチェーンの各関係者にとって価値を持ち続けることを保証するためには、資源がサプライチェーンに投入される前に、その取り扱いに関する条件が契約で法的に合意されなければなりません。そして、チェーン内の各主体は、保全を条件として次の主体に譲許（特権）を与えるのです。つまり、採掘された資源は決して販売されることはなく、単にサービスとして提供されるだけです。「資源使用権」の購入者は、その資源が不要になり次第、元の場所に戻すことを条件に、その資源の使用権を好きなように転売することができます（ステップ6）。世界素材権宣言は、資源がその有用性を維持し、常に敬意をもって扱われることを保証します（ステップ5）。素材のアイデンティティと所在地はマテリアル・パスポートに記録され、マダスターに登録されます（ステップ3、4）。

素材の加工により生産される製品は素材貯蔵庫として設計され（ステップ2）、消費者にはサービスとしてのみ提供されます（ステップ1）。

こうすることで、どの素材が使われ、それがどこにあり、どこから来たのかを常に把握することができます。素材がチェーンのなかで前後に移動するたびに、そのパスポートには出入状況を示すスタンプが押され、情報は常に更新されます。素材の所在地登録は、外国での人々の滞在を記録する査証（ビザ）に相当するものになるでしょう。

重要なのは、通常の所有権から得られる保護（家を建てたり製品を製造することに投資する価値があることが保証されていること）が、一般的に合意された条件によって保証されることです。生産者が必要な期間だけ素材や資源を保持することを許可されるならば、たとえ素材や資源を所有していなくても、彼らが時間やお金、労力を投資して生産したこれらの製品が彼らから奪われることはない、という事実が保証されるでしょう。しかし、生産者は、チェーンの前段階の関係者に対してこれらの素材に関する責任を負う必要があります。素材を使用する権利は、その素材を永続的に保存し、その使用可能性を確保する契約上の義務とともに取得されるからです。生産者が素材を使用したい（つまり、保持する）期間は、製品のセグメントや対象顧客、使用される素材、採用される収益モデルなど、状況によって異なります。

ここに提案するような一般合意された取り決めは、それに直接かかわる関係者だけに有意義なのではありません。もし素材や資源の所有権が常にそれらが採掘された地域コミュニティや国家に留まるのであれば、チェーン内のあらゆる主体が必要な期間だけそれらの素材を使用する権利を持つことが、地球上のすべての人にとって重要になるでしょう。そうすれば、鉱山から製品の製造に至るまでの全過程において、チェーンの各段階にいる人々や企業は、時間、資金、労働力を投入することで、資源、素材、サービスに価値を付加する意味があると確信できるのです。

こうして消費者は、自分たちでは生産できない、あるいは生産したくないあらゆる種類の製品を手に入れ、チェーンの各段階の関係者は利益を得ることができます。チェーンの各段階にある企業は、素材を購入する必要がなくなり、使用する権利だけを得るだけでよいため、材料費の削減という恩恵を受けることになります。

永遠のチェーン

そのチェーンは、鉱山というかたちで地球から始まり、地球で終わります。原材料から製品に至る従来の「価値創造のチェーン」はその一つです。そして私たち筆者が「価値保存のチェーン」と定義する、製品から始まり原材料に戻る、というもう一つの新たなチェーンが生まれます。

私たちは、「マテリアル・アズ・ア・サービス」という考え方こそが、真に包括的な収穫社会に不可欠な要素を形成するものである、と確信しています。価値創造と価値保存という、Turntooモデルの二つの要素が組み合わさることで、永遠のチェーンを作り上げるのです。新たな価値はチェーンの前方向に向かって創造されていき、後方向に戻るかたちで価値が保存されます。

価値を創造するプロセスの始まりは鉱山（地球）です。鉱山から得た資源を収益化する権限は、資源が発見された地域コミュニティまたは国家に留まり、彼らが管理者としての役割を担います。この主体は、鉱業会社に対して、原材料の採掘権と材料を保持する権利をほかの企業に譲渡する権利を与えます。そして、次の企業は順次、材料を中間製品に加工していきます。さらにその次の企業は、製品の組み立てに必要な部品に原材料を使用または加工する権利を製造メーカーに与えます。最後に、消費者はサービス契約を通じてこれらの製品を使用します。契約が終了すると製品は、部品、素材、資源の貯蔵庫というかたちでメーカーに返却されます。マテリアル・パスポートに記録された通りに、ここから価値を保存する後方に向かうチェーンが始まります。

素材と製品が循環し続けるためには、チェーンを支配する一定の条件が前提となります。権利（免許）は、それらの保存と正確な記録を前提としてのみ与えられます。生産工程とシステム、そして製品そのものは、素材が容易に元の形に戻れるように設計されています。サプライチェーンのすべての段階で、返却条件に関する相互合意が形成されます。サプライチェーンの前方への移動は、将来、どのように後方へ移動できるかによって決定されます。

これにより、輪のつながったチェーンが生まれ、素材が自由に循環できるようになります。プロダクト・アズ・ア・サービス収益モデル（236ページの図の右部分参照）は、製品が使用済みになれば生産者に戻ってくることを保証していますが、生産者が生産プロセスを変更することを決定した場合、現在の製品の部品を自分の一つ後ろの輪に戻すことができます。そうなると、素材も一つ後ろの輪、つまり生産者の輪から部品メーカーの輪に移動します。部品メーカーはその場合、これらの部品を必要としているほかのメーカーを探すか、あるいは部品をチェーンの後ろの輪である中間品メーカーに戻し、それらを経由して鉱山（Turntoo モデルの最後であり最初の輪）に戻すかどうかを決定することができます。この最後のステップはあくまでも理論的なものですが、実際には、資源が永遠に循環することを期待しています。

使用権と永久素材基金

素材が循環する限り、その素材の提供元には継続的な収入源が発生します。つまり、サプライチェーンのすべての関係者は、素材を使用する限り、その素材を保持する権利の対価を支払い続ける

Oモデル

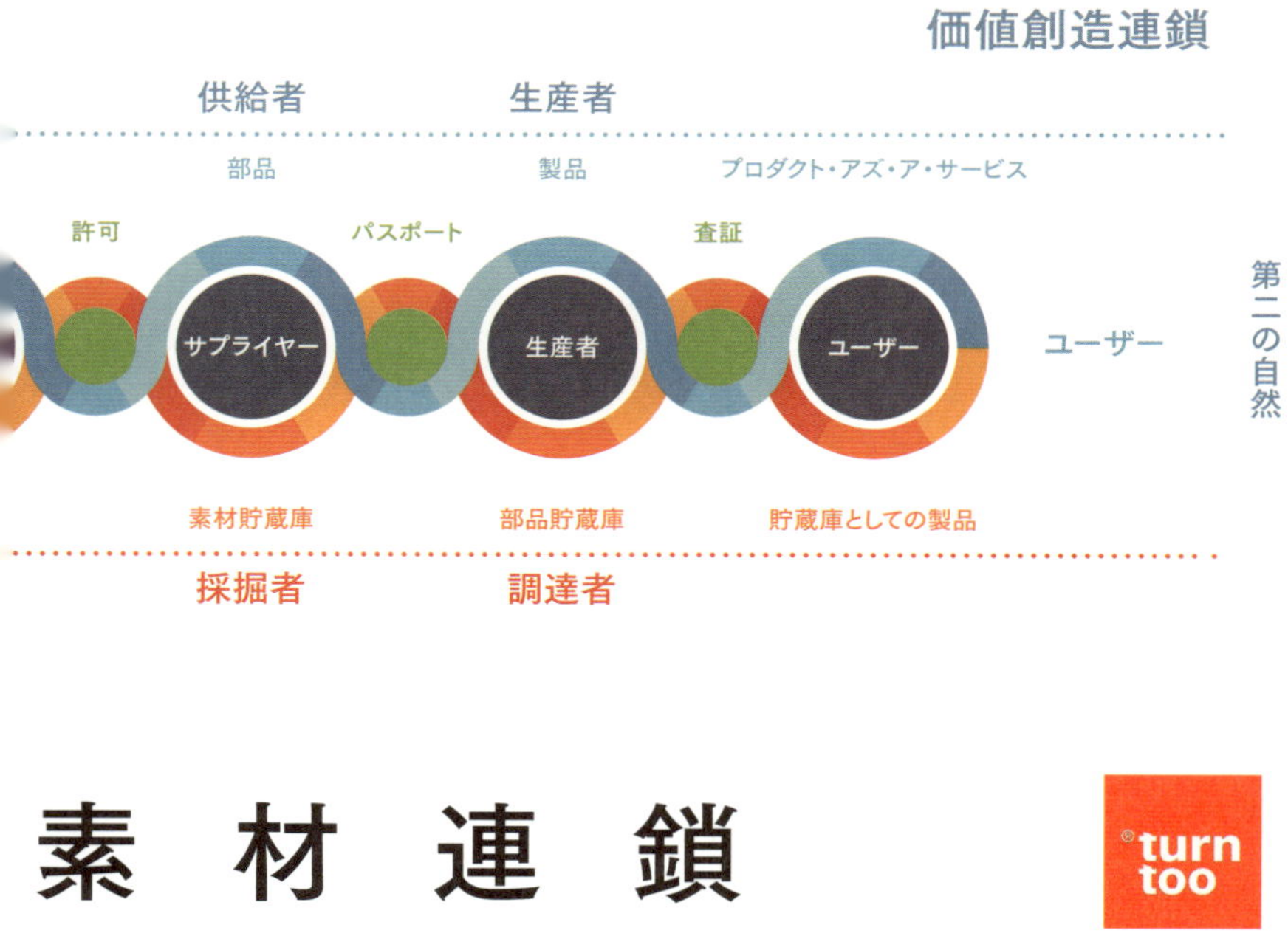
価値創造連鎖
供給者
生産者
部品
製品
プロダクト・アズ・ア・サービス
許可
パスポート
査証
サプライヤー
生産者
ユーザー
ユーザー
第二の自然
素材貯蔵庫
部品貯蔵庫
貯蔵庫としての製品
採掘者
調達者
素材連鎖
turn too

TURNTO

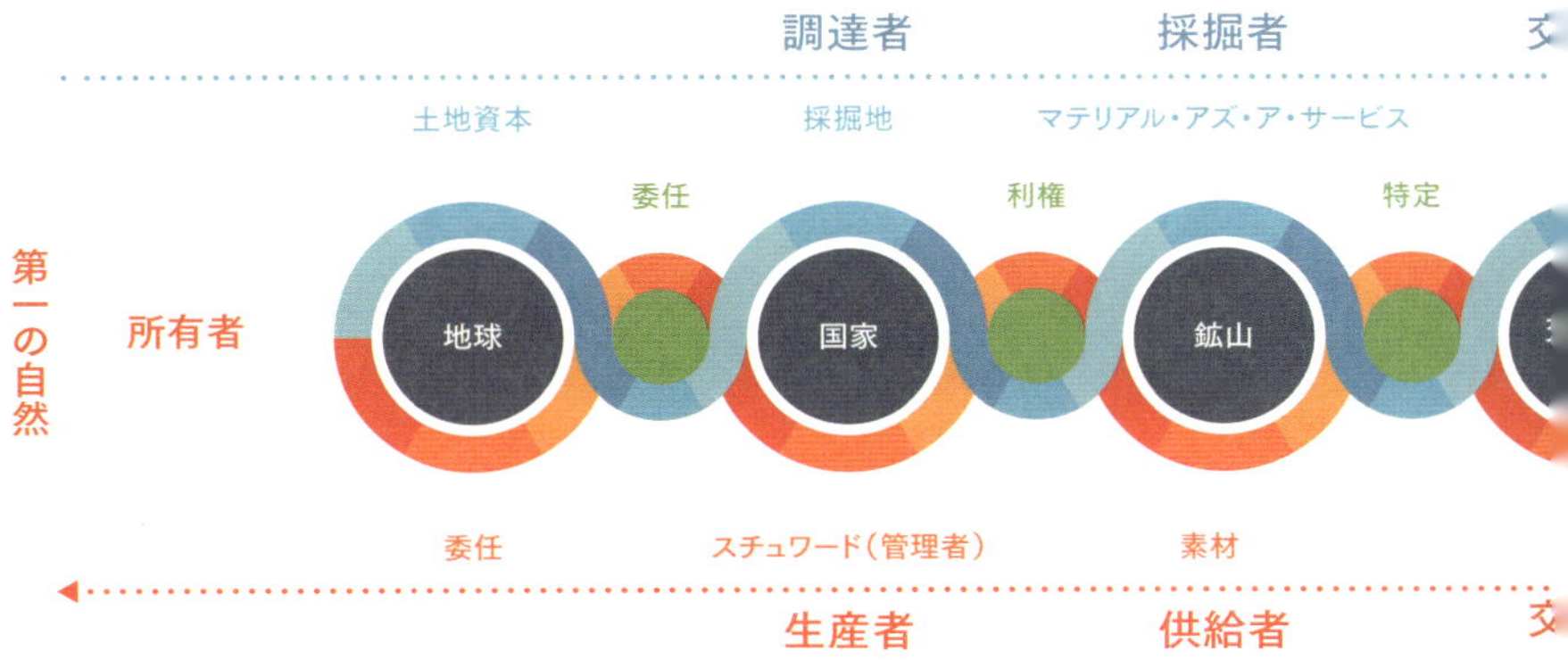

価値保存連鎖

永続する

のです。このようにして、国家や地域コミュニティは、原材料をグローバル経済に提供することで生みだされる価値創造によって恩恵を受けることができます。

このようなシステムの例として、部分的ではありますが、アラスカ恒久基金があります。この基金は、アラスカで採掘された石油から得られる収入の少なくとも25％を、石油という資源を失うことになる次世代のために特別に設けられた基金に投資することを目的に、１９７６年に設立されました。さらに、アラスカの全住民は、「アラスカ恒久配当金」を毎年受け取る権利があります。たしかに、本書のなかでは石油はあまりよい例ではありませんが、興味深いと思うのは、その地域の住民に資本を永続的にもたらし、次世代のために備えるという考え方です［4］。

たとえば、アフリカの資源豊富な地域を想像してみましょう。ある資源を採掘する権利を外国の鉱山会社に売却する代わりに、国家や地域コミュニティは鉱山会社にライセンスのみを与えるとしましょう。このライセンスにより、鉱山会社は資源を採掘し、その用益権を利用者に販売する権利を得ます。そこから発生した収入の一部は鉱山会社に支払われ、それ以外は資源が採掘された地域のコミュニティに支払われます。その結果、地域コミュニティはそこから採掘される資源を通じて継続的な価値創造の恩恵を受けることになります。

これはまた、社会的にも大きなインパクトをもたらします。資源の過剰採掘と破壊にもとづくシステムとは異なり、このシステムは富の創造をより平等に分配します。資源が豊富で、しばしば発展途上にある国々の地域社会は、自分たちの領土で採掘された資源の用益権を付与し、その見返りとして継続的な報酬を受け取ることになります。このシステムの管理には、より高度な相互依存と協力が必要となりますが、私たち筆者はそれが国際関係をさらに安定させる要因になると、考えています。

マテリアル（素材）コモンズの管理

製品の登録に関して、そしておそらくその使用権の取引に関しても、資源を採掘する企業と、資源を精製・加工する企業との橋渡しをする機関が必要になると考えられます（Turntooモデルでは「交換者」と呼んでいる）。私たちはすでにこのような機関を設立しました。第7章で紹介したマダスター財団です。テクノロジーは、複雑な素材の流れを管理するうえで必要となる透明性を確保する重要な手段となります。ブロックチェーンやＡＩのような技術により、複雑な世界規模のシステムにおいて素材を追跡できるようになることは間違いありません。

この新しいモデルへの移行において、チェーンの参加者のそれぞれの役割は変化し、新たな役割も生まれるでしょう。そこで、これらをどのように分配するか、ともに知恵を絞らなければなりません。この点で、エリノア・オストロムが「多中心的ガバナンス設計」と呼ぶ考え方が参考になります。それは、共有資源、複雑な構造、特定資源の開発に直接かかわる当事者間の拘束力ある合意、についての管理のあり方です。この新しいシステムを形成するのは、中央集権的な国家管理システムでも私有独占的な構造でもありません。その代わりに、さまざまな価値保存のチェーンを管理するための、さまざまな構造やイニシアチブが出現することを期待しています。というのも、これまでは単一のチェーンについて述べてきましたが、現実はもっと複雑なもので、さまざまなチェーンから成り立っているからです。ハウベルグの共同体の話や、エリノア・オストロムの研究成果の多くが、共有資源管理を組織するには、トップダウン型というよりは、もっと横並び型のさまざまな方法があることを教えてくれます。重要なのは、私たちが協力し合い決定する権限とその結果に対処する責任が、分離しないようにする方法を見つける必要があるということです。

もう一つの重要な側面は、マテリアル・アズ・ア・サービスのシステムへの移行において、現在の財産権を尊重することです。その場合、ハウベルグの例は示唆に富んでいるかもしれません。特定の土地面積に対する権利は、新たに創設された組織の持ち分に変換され、旧来の所有構造を完全に尊重しながらも、未来に向けた新しいシステムの構築を可能にしています。今日、ハウベルクのオーナーが所有する「ペニッヒ」の数は、そのオーナーの先祖がかつてジーガーランドの森に所有していた土地の大きさに相当します。

しかし同時に、すべての素材をサービスとして管理する必要があるわけではないことも当然です。一時的な用途に使用される素材と、世代から世代へと受け継がれていく製品に使われる素材とが、区別されることが肝心です。結婚指輪のために毎月サービス料を払いたいと思う人はいないでしょう。

先述したTurntooモデルは、資源と素材の継続的な利用可能性を保証するものです。それは、生産プロセスを開始したときと同じ資源一式で生産プロセスを終了しなければならないという条件を満たします。この経済システムでは、失われる資源はなく、繰り返し再利用することを妨げるものは何もありません。創造し、維持し、保証する。これがこのモデルの本質です。

その利点は明らかです。何よりもまず、すべての生命の源である地球の資源が持続的に存在すること。素材は常に資源として扱われるため、廃棄物は過去の概念となります。サービス契約は、まず製品の、最終的にはその製品を作っている素材の返還を保証します。返還にかかる時間は短い場合もあれば、長年の使用を経る場合もありますが、どれだけ時間がかかろうとも、返還の時がいずれ来ることが最初から考慮されているのです。それは、前もって決定され、サービス契約に記録されます。こうすることで、メーカーは素材の返還予定をもとに、自らの資源供給をコントロールできるようになり、先に述べたような供給問題や価格不安から解放されるわけです。さらに、継続的なキャッシュフローというかたちで、定期的かつ予測可能な収益を得ることができます。したがって、より経営が安定し、リスクにさらされることも少なくなります。当然のことながら、消費者は、もはや壊れるために設計された製品や、対応できない責任を背負わされることはなくなるのです。

スチュワード

新しいモデルでは、私たちは厳密には「所有者」ではなく、一時的な「使用者」になりますが、それでも「所持」にともなう通常の責任に対処する必要があります。チェーン内の各関係者は、サービス契約で合意されたルールや条件にしたがう責任を持たなければなりません。新しい経済における「所持」とは、所有権のことではなく、責任を負うことであり、正しいスチュワードシップです。つまり、スチュワードシップとは、物を「所有」することではなく、物を大切にすることなのです。その例は、プロダクト・アズ・ア・サービス契約に盛り込まれている「慎重さの原則」です。消費者は製品を大切に扱うことを約束する必要があり、もしそれができなければ、メーカーは消費者に責任を負わせることができます。

物理的な物質でできているすべての物にとって、消耗や潜在的な損失は当然であるため、循環型経済の実現は不可能だという議論を突き付けられることがよくあります。筆者は、この新しいモデルにおいて、これらが何らかのかたちで考慮されなければならないことはおおいに認めますが、私たちの反論は、人間が生きている間にいずれ死ぬとわかっているからといって、赤ちゃんにミルクを与えるのをやめようと考える人はいない、というものです。逆に、人間の生命の脆弱性を知っているからこそ、それを守るためにあらゆる予防措置を講じます。Turntooモデルはまた、消費者に製品の本当の姿、つまり、一時的なニーズに応える閉鎖型システム内の有限な資源と素材の集合体としての製品、を認識させることで、消費者の製品に対する接し方が変わり、製品のライフサイクルをさらに長くする可能性も秘めています。そうすることで、地球が私たちに与えてくれるものすべてを享受しながら、地球と、私たちが去ったあとに生きるすべての世代の人々に対する責任を受け入れることができるのです。人類は自然に依存しており、人間の存在は一時的なものであっても、その行動の結果は永続的なものであるという事実を意識しながら。

Turntooシステムの利点は多岐にわたります。

1・人類と地球との間に尊重の関係を築きます。

2・新しいバリューチェーン内の当事者間の拘束力のある合意によって、素材が廃棄物になるのを防ぎます。

3・資源を大量に消費する先進工業国から継続的な資本の流れが生じ、資源は豊富だが工業化が遅れている国々が、自国の領土で採掘された素材によって可能となる価値創造から利益を得られるようになります。

4・サービス契約は、素材と製品の返却を規定し、メーカーが顧客に提供している製品を素材貯蔵庫として管理することを可能にします。これにより、資源の供給や価格変動に関するサプライチェーンのリスクが低減されます。

5・このシステムは、企業の財務モデルも変えます。単発の売上ではなく、サービスモデルはメーカーに経常的な収入源を生み出し、その結果、財務の安定性が高まり、長期的な顧客関係を築くことができます。

6・ユーザーは、陳腐化を目的としたものではなく、長寿命とアップグレードを目的に設計された高品質な製品を手に入れることができるようになります。さらに、製品の廃棄やそのなかに含まれる素材の保存に対する責任からも解放されます。

7・このモデルは、安定と平和的な国際関係の拡大にも貢献する可能性を秘めています。さまざまなレベルでの協力や相互依存関係を通じて、世界の富の公平な分配を可能にする経済システムは、地政学的緊張の緩和に貢献することができます。このような理由から、私たち筆者はハーグの平和宮で開催されたカーネギー平和構築対話に招かれ、世界素材権宣言を紹介したのです。

8・たしかに、ここに提示された思想は壮大であり、その実現には根本的な意識改革と世界経済のさまざまな関係者間の協力の強化が必要です。マテリアル・アズ・ア・サービスモデルの構築については、まだ検討の余地があります。その構築には多くの新しいルールや手続きが必要であり、それは私たち人間がともに作り出さなければなりません。いずれにせよ、未来の要求に耐えうる経済システムへの移行を望むのであれば、新しい協力のかたちを創り出さなければなりません。

協力の組織化は、エリノア・オストロムのノーベル賞受賞の中心テーマで、筆者も深く共感しています。協力の組織化は、まったく新しい経済システムを生みだすだけでなく、経済の魂の変革をともなう新たな文化の創造にもつながることでしょう。

「この世界において私たちは住人ではなく、ただの旅人にすぎない」

——エラスムス

第10章

コペルニクス革命を完結する

私たちは、地球が一つの大きな生態系であり、決して宇宙の中心ではないこと、そして人間が自然を超越しているわけではないことを知っている。

なのに、私たちの文化はいまだに、地球は機械であり、人間は自然の支配者であるという、まったく異なる世界観を反映している。

人類と地球の調和ある関係を取り戻すためには、何が必要なのだろうか？

1968年12月24日17時32分、アポロ8号宇宙船によって、地球という惑星の写真が初めて撮影されました。アポロ8号は、その3日前に、月を周回する軌道に初めて人類を送り込むミッションのため、3名の宇宙飛行士を乗せて地球を飛び立っていました。そのなかの一人、ジェームズ・ラヴェルはそののちにアポロ13号の乗組員にもなります。

アポロ8号のラヴェルと他2名の宇宙飛行士は、地球を未知の視点から見た最初の人となりました。月の灰色のクレーターの広がる地平線の向こうから、底知れぬ漆黒の宇宙を背景に、地球が「昇ってくる」のを見たのです。この異様な光景の写真撮影は、NASAのミッション計画にはありませんでした。ウィリアム・アンダース宇宙飛行士が、衝動的に許可なく撮ったものです。この歴史的な写真のイメージは、私たちが故郷と呼ぶこの惑星を見る目を永遠に変えてしまいました。人類史上初めて、自分たちがゲストであるこの地球の脆《もろ》さと限界を目の当たりにしたのです。その直後、この写真に呼応するように、「地球の友」、「天然資源保護協議会」、「グリーンピース」といった最初の環境保護運動が世界中で誕生しました。それは、人類と地球の関係における歴史的な出来事でした。1970年は、現代の環境保護運動が誕生した年とされています[1]。各国の政府も初めて行動し始めました。1970年にニクソン大統領によって米国環境保護庁が設立され[2]、最初のアースデイも同じ年に祝われました。ヨーロッパでは1970年が「自然保護年」として祝福され、ヨーロッパ全域で初の環境キャンペーンに20万以上の個別プロジェクトが参加しました。この写真は、のちに「地球の出」と題され有名になりました[3]。

もちろん1970年より前にも多くの先駆者がいました。レイチェル・カーソンの有名な著書『沈黙の春』が出版されたのは1962年のことで、ヨアヒム・ラドカウのような歴史学者は、環境保護運動の黎明期は1800年の木材不足に対する論争にまで遡るとしています。いずれにせよ、環境保護活動家たちがこれほど団結し、大規模な運動を起こしたことはなく、彼らの考えがこれほど注目されたこともありませんでした。

ある意味で「地球の出」は、プロイセンの天文学者ニコラウス・コペルニクスの影響から始まった考え方の転換をさらにうながす、視覚的な裏付けとしての役割を果たしました。16世紀半ばまで、地球は宇宙の中心であると考えられており、その天動説（地球中心説）的世界観に異論が唱えられることはまずありませんでした。コペルニクスはこれに異を唱えた最初の人物です。彼は1543年に、太陽系の中心に太陽があり、その周りを惑星が回っていると主張しました。今日、この世界観は地動説（太陽中心説）と呼ばれています。

1610年に、ガリレオ・ガリレイがその年に発明した望遠鏡でコペルニクスの仮説を立証しました。このことで、ガリレオはローマ教会と真っ向から対立することになりました。ローマ教会は、地球、そして人間を神の創造の中心に置かない世界観を疎《うと》ましがったのです。通常、教会は科学的議論に干渉することはありませんでしたが、このケースでは科学者を咎《とが》めたのです。しかし、敬虔《けいけん》なカトリック教信者であるガリレオは、自分の発見はカトリックの教義と矛盾するものではないと信じていました。それどころか、この発見は神の創造がいかに素晴らしいかを示していると考えていたのです。

教会は二度にわたり、ガリレオの著書を異端審問にかけました。当初ガリレオは警告を受けただけで済んだものの、1633年に終身軟禁処分を受けることになりました。判決を聞いたとき、彼は「Eppur si muove!（それでも地球は回る！）」と叫んだといわれていますが、その記述は存在しません。それから50年後、アイザック・ニュートンがこの理論をさらに発展させました。カトリック教会が初めてガリレオ・ガリレイの科学的貢献を公式に認め、数世紀にわたって常識となっていた事実を認めたのは、ローマ法王ヨハネ・パウロ2世のもと、1992年になってからのことです。「人生は後ろ向きにしか理解できないが、前を向いてしか生きられない」とデンマークの哲学者セーレン・キルケゴールは言いました。言い換えれば、現実はあとになってから初めて知ることができるということです。

NICOLAI COPERNICI TORINENSIS DE REVOLVTIONIbus orbium cœlestium, Libri VI.

IN QVIBVS STELLARVM ET FIXARVM ET ERRATICARVM MOTVS, EX VETEribus atq; recentibus obseruationibus, restituit hic autor. Præterea tabulas expeditas luculentasq; addidit, ex quibus eosdem motus ad quoduis tempus Mathematum studiosus facillime calculare poterit.

ITEM, DE LIBRIS REVOLVTIONVM NICOLAI Copernici Narratio prima, per M. Georgium Ioachimum Rheticum ad D. Ioan. Schonerum scripta.

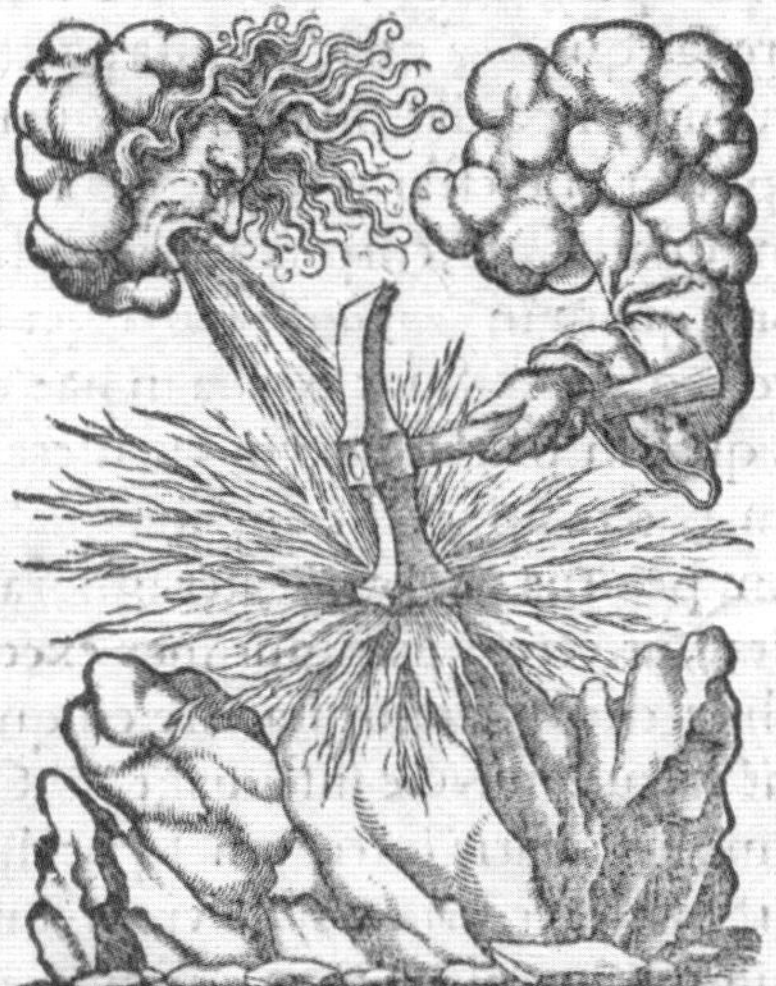

Cum Gratia & Priuilegio Cæs. Maiest.

BASILEAE, EX OFFICINA HENRICPETRINA.

創造の冠？

現在、「コペルニクス革命」という用語は、科学や哲学の根本的な方向転換を表す意味で使用されています。コペルニクスの発見がそうであったように、現実が突然、まったく異なる概念的枠組みによって見えるようになることを意味しています。

しかし、現在の文化を見てみると、コペルニクス革命が本当の意味で完結するのは、私たちの合理的思考だけでなく、感情、文化、行動にまで浸透したとき、つまり、人間が決して宇宙の中心ではないという事実を真に理解するようになったときです。そして、現在、人類はこの転換の前夜にいる、あるいは無意識のうちにすでにその真っ只中にいるのかもしれない、と私たちは考えています。以前はこのような文化的な転換はおもに新しい科学的な可能性がもたらしたものでしたが、今日の転換は切実な必要性によって起こります。つまり、可能なことではなく、急を要することによって動かされているのです。今となっては、事後的に現実を理解していては、大ごとになりかねません。無駄にできる時間はありません。今すぐに、経済システムの根本を変えなければなりません。

今日私たちが認識している経済文化は、天動説（地球中心説）的世界観を反映しながら、徐々に作られてきた現実です。さらに、この現実は、西洋文化における天動説と密接に絡み合った第二の考えによって補完されています。それは、人間を「創造の冠」とする考えです。プラトンのイデア論に始まり、のちに何世紀にもわたってキリスト教によって特に強化された数千年の西洋思想の影響を受けて、私たちは気づかないうちに、地球上の存在を二流とみなし、物質的なもの、具体的に存在するもの、自然なものを超越すべき対象とする考え方に染まっています。中世後期からルネサンスにかけて、この二分法的考え方は、自然を「支配せよ」という神から与えられた使命（創世記1章）にしたがい、すべての自然物を「異教的」なものとして断罪した異端審問によって、さらに強化されました。人間以外のものを劣等とする考え方は、おそらく聖書の翻訳から生まれたものです。ヘブライ語の原文は「人間が地球のよい羊飼いとなり、地球の世話をする」という使命とも読めるものでしたが、地球をしたがわせよ、という命令だと解釈されたのです[4]。

啓蒙時代以降、この世界観は、科学の創造性を根拠とする独断的な信念と混ざり合っていきました。有名な哲学者デカルトは、「我思う、ゆえに我あり」という私たちの文化を決定づけたフレーズとは別に、1637年に出版された『方法序説』のなかで、科学は人間を「自然の支配者にして所有者」にするだろうと書いています[5]。

私たちの社会は大きく世俗化したかもしれませんが、こうした考え方は、依然として私たちの世界観を支配しています。それらは、自然科学と技術的解決策によって、人間が世界を創造できるという、科学主義のパラダイムに適合した新たな姿です。そしてここ数世紀の科学技術の発展は、この世界観を裏付けているように思われます。爆発的な自然科学の発見と次々に起こった目を見張る技術的発明は、人類史上、類を見ないほどの繁栄をもたらし、その結果、社会は急速に変化しました。しかし、この世界観の弊害はもはや否定できません。この世界観が引き起こす生態系の危機が、これらすべての成果を危険にさらしているのです。このように、私たちが地球上で犯している搾取と略奪は、私たち自身の（西洋）文化に深く根ざした態度から生じているのです。

直線型文化

先述したように、私たちは世界をどう認識するかという意識を通じて、世界を形作っています。しかし、この仮定は逆にも当てはまります。私たちが生活する社会的世界とそれが司《つかさど》る論理が、私たちが現実をどう認識するかを大きく左右するのです。

これまで詳細に論じてきた直線型経済は、先述の天動説的世界観に由来するものでしたが、今やそれが「直線型文化」を生み出しています。つまり「私たちが測定できるものだけが真実であり、計算できるものだけが価値がある」というモットーにしたがって、定量的な結果を達成することを目指す可塑性の文化です。この傾向はさまざまなものに見出すことができます。私たちが優先順位を設定する方法、問題に取り組む方法、時間や互いに対処する方法、そして地球との関係の築き方などです。

私たちは、産業革命以来の生産プロセスに見られるように、世界を小さく、管理しやすく、孤立した断片に分けることを好むものです。このやり方は、生産プロセスを想像以上に加速させた点においては、理にかなっています。チェーンのなかの分業されたそれぞれの輪は全体の生産工程の一部分だけに集中すればよくなったため、オートメーション化も手伝って、一人の職人が一つの製品を作るために一人で全手順に熟練しなければならなかった以前に比べて、生産プロセスは格段に速くなったのです。

したがって、直線型思考に価値がないわけではありません。きわめて機能的かもしれません。しかし、それを何の疑問も持たずに適用すると、多くのことが失われ、深刻な損害をもたらし、多くのことが見過ごされてしまいます。

科学の分野においても、世界から人為的に切り離され詳細に区分されたテーマに焦点があたります。その背後にある考え方は、誰もがパズルの小さなピースに集中すれば世界全体を理解できる、というものです。それは、機械の部品を分解するイメージです。個々の部品の価値と機能を、ほかの部品との関係および機械全体のなかに位置づけて理解しようとします。

しかし、そのイメージには重要なことが欠落しています。世界は機械ではないのです。世界は有機体であり、一貫したシステムです。すべてが相互に関連し、影響し合い、すべてが等しく重要です。世界は単純な断片の集合体ではなく、私たちが完全に把握することのできない複雑さを持っています。断片化された世界のイメージは、世界の限りない複雑さを理解しようとして、人間が作り上げたものにすぎません。

今日、人間の行動の影響力は非常に大きく、地球規模でインパクトを与えます。世界中を旅し、世界のあらゆるところから物を手に入れています。気候問題や原子力災害は、国境内にとどまることはできません。中国の大気汚染が世界的な問題であるように、フランスにある58基の原子炉も懸念事項です。

結局のところ、すべての問題がほかのすべてに影響を及ぼすのです。生産チェーンの輪であれ、独立した研究テーマであれ、国境であれ、世界を断片的に分割すれば、全体像を見失います。逆に、全体像だけが道を示すことができます。複雑な相互関係のうえに成り立つこの世界は、一次元の直線的な考え方では決して十分に対処できません。したがって、一次元の直線的な考え方こそ、私たちが早急に脱却しなければならないパラダイムなのです。

もちろん、人は一次元的に注力することによって成果を積み重ねていくかもしれませんが、今こそ視野を広げ、文化を豊かにする時がやってきたのです。地球は、個々の部分の総和よりもはるかに多くのものを内包しています。活き活きとして、リズムがあり、循環する総合的システムです。

人は地球をシステムとして扱うべきなのです。そのシステムは、私たちの直線的な思考では理解できないほど複雑です。自然は、編み目のように複雑に絡み合った相互作用の関係から成り立っています。

人間と地球との関係を変えるためには、新しい経済システムが不可欠ですが、そのためには文化を変えることが鍵となります。地球との関係を本当に改善したいのであれば、経済と社会の根本を変える必要があるのです。

クロノスとカイロス

ギリシャ神話では、直線的な時間を象徴するクロノスと、何かをする絶好の機会としての時間を象徴するカイロスが知られています。クロノスは量的なもの、つまり「時計の時間」であり、一方、カイロスは、時宜、熟成、「タイミング」などの質を表します。人が自ら作り出した世界では、クロノスはすべてを征服する暴君です。人は常に時間に追われ、時計に気を取られ、毎朝目覚まし時計で起こされます。すべてがクロノス（時系列）的に、つまり直線的に秩序づけられ、組織されています。単に人が予定した時間が、何かをするための適切な時となるのです。

自分自身の成長でさえも、たいていクロノス（時系列）的に、つまり直線的にとらえられています。キャリアは直線的でなければならず、迷いや失敗がないに越したことはありません。幼少期の発達は標準化され、できるだけ直線のグラフで示されます。そして、今日の社会が「お年寄り」を用済み扱いする仕方は、使い捨て経済と似ています。この点でも、多くの資本、すなわち、ほかの文化では実に大切にされている知識や知恵、人生経験といったものが廃棄されているのです。

詩人ライナー・マリア・リルケは、若き詩人フランツ・カプスに宛てた有名な手紙のなかで、「人生におけるすべてのものは成長する。それは、番号をつけて数えるものではなく、樹木が成熟するのに似ている。無理に樹液を絞り出すことなく、いつか夏が必ず来ることを知りつつ、春の嵐のなかで立派に立つ樹木に」と書いています[6]。リルケが人生を自然にたとえているのは、もっともなことです。自然はカイロスとクロノスの両方によって導かれます。古代ギリシャ人にとって、クロノスは太陽の神でした。クロノスは昼と夜の交替と季節の永遠のリズムを司っています。音楽で言えば、テンポとリズム、あらゆるものの規則性です。しかし、すべての曲にはこの二つに加えてメロディがあり、これがカイロスが象徴するものです。天気や風は規則的なものではなく、太陽の指揮するリズムに合わせて音楽を奏でますが、独自の法則を持っています。秋になるとリンゴは熟したときに実を落とします、その時期が来るのを待ちます。これは、リンゴの木が受けた太陽の光と雨の量によって決まることです。

生きものすべてにリズムがあり、そのリズムには一定の法則があります。これは、私たち自身を含め、閉鎖型システムのすべての過程と部分に当てはまります。たとえば、人は一般的に7歳で乳歯が抜けて、14歳で性的に成熟し、21歳で成人と呼べるようになります。ところで、このような各段階の過渡期は快適なものではなく、それどころか、しばしばきわめて不快なものです。しかし、各段階は避けて通ることはできません。正確なリズムは、さまざまな要因によって、生きものすべてにおいて違います。そして一生にわたる旋律(メロディー)には、それぞれの生きものにとって無限のバリエーションがあります。したがって、目覚まし時計やエクセルシート、プランニングを駆使してカイロスをクロノスに置き換えようと強引に試みたところで、私たちが逃れることのできない法則を持つ自然と衝突することになるのです。

第一の自然と第二の自然

屋根と四方の壁によって風雨から守られ、そのときどきのニーズに合わせて調節できるしゃれた照明のある暖房の効いたリビングルームに座っていると、地球の支配者のような気分になるものです。マンション、クルマ、高速道路、橋、きれいに整備された公園など、人間が作り出した「第二の自然」に魅了されます。そして、人間を生み出した包括的で容赦のない第一の自然よりも、第二の自然を信じるようになるのです。

しかし、誰も決して、氷の結晶を作り出すことも、木を作ることも、自然の法則に逆らうこともできません。暴風雨が吹き荒れ、庭の樫《かし》の木の重い枝が折れ、それが家の屋根を直撃して鈍い音を立てるのを聞きながら、この地球における人間の立場を思い知らされるのです。誰も第一の自然から逃れることはできません。誰もが、閉鎖型システムのあらゆる部分と同じように脆弱なのです。実際、人間の手で作り出された第二の自然は、長い目で見れば、第一の自然が持つ法則に沿って、進化していくしかないのです。

人間が、自分自身や自分の行動を自然の外に置くことはできないことを認識すれば、人間は決して世界の中心ではないことがおのずとわかります。自然が中心なのであって、人間はその自然の一部にすぎません。先述の世界観に影響され、人は別の見方に慣れてしまっており、頑《かたく》なに人間中心的な考えに固執しています。それは、あくまでも私たちの「認識」にすぎず、「現実」を表すものではありません。私たちの集団的意識によって自然の法則が変わることはありません。

そして、自然を変えることはできないのですから、人の意識が自然法則に適応していかなければなりません。結局のところ、「現実」と「認識」の不一致を生み出しているのは自然ではなく、「人間」なのです。直線的な文化から総体的なアプローチへ、一次元的な思考と行動から多次元的な思考と行動へ、分離から連結へ、専門化から統合へと、私たちは移行しなければならないのです。

地球から略奪するのではなく、私たちは再び収穫することを学び、地球を大切にすることの意味を学ばなければなりません。また、自然の法則を意識して生きることを再び学び、季節、天気、風、そしてシステム全体の複雑さを考慮して、私たちは地球のスチュワード、つまり世話役にならなければなりません。そうすることで、コペルニクス革命を実際に成し遂げることができるのです。

人間の本質には、思考、感情、行動の三つのレベルがあります。17世紀以降、人間が創造の中心ではないことを理解できるようになりました。そして今、この知識を残り二つのレベルである「感情」と「行動」に浸透させていかなければなりません。だからこそ本書では、問題を分析するだけでなく、自然の法則を改めて考慮し、尊重し、さらには利用する解決策を提示することに焦点を当てたのです。

たとえば、永遠回帰の原理は決して新しいものではなく、自然の模倣であるにすぎません。有機的な世界では、太陽によって、1日、1週間、ひと月、季節、そして1年が繰り返され、果実、花、植物、樹木が無限に戻ってくることができるのです。有機的な世界における太陽の役割を、人間の「第二の自然」においては、データが担っています。データは、周期がどのようなものであれ、いつであっても、世界のどこであろうとも、素材が永遠に何度も戻ってくることを可能にします。

Turntoo モデルは、素材の使用、保存、登録に関する新たな約束を通じた資源保全に焦点を当てたもので、現実的な解決策です。そして何よりもまず、地球における人間の立場を正しく理解することから生まれたものです。つまり、人間は閉鎖型の相互依存システムの一部であり、自然の法則に対してまったく無力だということです。したがって、このモデルが自然の模倣であることがその最大の強みである、と私たち筆者は考えます。なぜなら、自然の法則に逆らうのではなく、自然の法則と調和させることができるモデルだからです。次から次にやって来る波にぶつかるのではなく、閉鎖型システムの定期的かつ周期的な波に乗るわけです。抵抗するのをやめ、自然の法則が私たちを制限するのではなく、巧みな船乗りとして前進させるよう物質的世界を最適化していくのです。

しかし、これは変化を意味します。おそらく誰もが自身の経験から知っているように、このような内面の変化は、進んで引き受けたいものでも気持ちのよいものでもなく、むしろ葛藤《かっとう》を引き起こすものです。

しかし、抵抗すればするほど、難航します。マリーナ・アブラモヴィッチの作品は、私たち筆者にとって大きなインスピレーションの源です。ニューヨーク近代美術館で開催された彼女のパフォーマンス「The Artist is present」では、パフォーマンス中に予期せぬこと、そしてアーティストにとって苦痛ですらあることが起こります。映像には、その状況に苦悩する彼女の姿が映し出されています。しかし、マリーナ・アブラモヴィッチがその状況を受け入れることを決め、文字通り手を差し伸べると、ほとんどその行為によって変化が起こり、その結果、彼女にとっても、観客にとっても、力強い変容の瞬間が訪れます。

収穫社会

この新しい社会構造がもたらす影響は測り知れません。もし私たちが収穫することを学び、経済が資源や素材の不足に支配されることがなくなれば、誰もが自分のニーズを満たせるかたちで、物質世界を共有することができます。そのとき経済は、それ自体が目的ではなく、道具であるという本来のあるべき姿を取り戻すことになるでしょう。それはまた、人が地球にゲストとして訪れている目的は何なのか、を考える余地を生み出すことにもなります。

社会は経済以上のものから成り立っているのです。実際、社会から切り離された「市場」や経済などというものはまったく存在しません。この考えは実に最近のもので、何世紀もの間、経済は一連の宗教的・社会的構造に組み込まれたものとみなされていたのです。

かつての社会はもっと総体的で、さまざまな社会分野がより強く統合されていました。人々は今よりも、あらゆるもののつながりを意識していました。経済は個人の利益のためでなく、コミュニティのためであり、単なる道具ではなく相互に利益をもたらすためのものであり、競争ではなく再分配、闘争ではなく協調に重きを置いていました。

経済は物質的な欲求の充足に、政府と法制度は社会関係の形成に、精神的・文化的生活は自己実現の必要性に重点を置いています。経済を社会の全体に適切に統合することは特に重要であり、統

合のバランスが崩れれば重大な結果に至ります。

今日の世界では、経済が、政治や司法、芸術、科学、教育を含む私たちの社会的・文化的生活を支配しています。もちろん経済は、食料や衣料、交通手段など、私たちの日常的な物質的欲求を満たしてくれます。しかし、人間として、私たちは物質的な欲求以外にも多くの欲求を持っています。自分自身を成長させ、自身に内在する可能性に気づき、自己実現したいと考えています。さらに、自分が参加する社会的関係の形成に積極的に参加したいという欲求も持っています。すなわち、自己実現の欲求(自由)、社会関係の共同設計者としての欲求(平等)、社会あるいは共同体から物質的な生存基盤を与えられる欲求(友愛)があるのです。

著名な芸術家ヨーゼフ・ボイスは、彼の遺作「パラッツォ・レガーレ」において、このことを見事に表現しています。展示スペースの壁には七つの鏡があり、二つのガラスのショーケースが置かれています。ショーケースの一つのなかには羊飼いのオブジェが、もう一つには王のオブジェが展示されています。展示スペースを歩けば、地球上の人間の役割に関する二つの原始的なイメージを感じながら、絶えず変化する視点から鏡に反射する自分の姿を発見することができます。王は人間の自己決定的な主権を表し、羊飼いは人間の謙虚さと環境への配慮の義務を表しています。

私たちの新しい経済は、人間のあらゆるニーズを満たすことを目指します。直線的な思考や希少資源の所有権争いに縛られることがなくなれば、連帯を基礎とする社会への道が開かれます。そして、人はもはや自分が「所有するもの」によってアイデンティティを形成することをやめ、自分が「何者であるか」に再び焦点を当てるようになります。つまり、地球のゲストであることに。

THE NETHERLANDS オランダ

朝顔に今日は見ゆらんわが世かな

――荒木田守武（1473－1549年）

日本語版特別寄稿

コモングラウンドの新たな幕開け

2025年大阪・関西万博のオランダパビリオン――

日本の歴史から考える未来の経済

1851年に「The Exhibition of the Works of Industry of All Nations（万国産業製品大博覧会）」と題してロンドンで開催された第1回万国博覧会以来、万国博覧会は、人々が集まり、想像力を結集し、人類の未来を展望する場となっています。第1回万国博覧会から120年後の1970年、大阪で開催されたアジア初の万国博覧会となった大阪万博は、専門家のあいだで象徴的な存在として位置づけられています。それまでの万博はおもに技術革新に力を入れたものでしたが、大阪万博でその焦点は未来の社会へとシフトしました。「人類の進歩と調和」をテーマとした大阪万博は、未来社会を考え、その具体的なかたちを想像する重要な出発点となりました。万博の中心的なアイコンは、芸術家の岡本太郎（1911－1996年）がデザインした「太陽の塔」です。三つの太陽は、過去、現在、未来が生み出す宇宙の万物の無尽蔵のエネルギーを象徴しています。背面の太陽は過去を、正面中央の太陽は現在を、そして塔の上部の黄金の太陽は未来を象徴します。これらは、進歩に対する奔放な信念と、未来に対する限りなく楽観的な展望を持っていた時代の力強いイメージです。

それから55年が経った今、私たちは当時描いた未来にたどり着いたわけですが、時代は劇的に変化しました。世界経済の急成長は地球を疲弊させ、化石燃料に依存した私たちの社会は気候変動を引き起こし、さまざまな生物種を絶滅に追いやっています。2025年現在、未来は楽観できるものではなく、もはや技術的進歩をやみくもに信用する根拠はありません。

そして再び大阪で、新たな希望に満ちた未来像を模索する万博が開催されます。今回の問いはさらに大きなものとなっています。１９７０年代の中心的な問いは、未来の人間社会がどのようなものであり得るのかということでした。そして今や私たちは、地球とそこに住むすべての人々との調和のなかで人類の未来をどのように守ることができるのか、という問いに答えなければならないのです。

オランダパビリオンは、将来の地球と人間との共存の可能性を映し出す「鏡」の役割を果たします。パビリオンは、万博のテーマ「いのち輝く未来社会のデザイン」に沿って、「地球のゲスト」としての私たちの責任に焦点を当てた、未来志向のビジョンを体現しています。

コモングラウンド（共創の礎）

オランダ人は、水害との闘いのなかで、私たちのあいだにある違いについて妥協し、共通の目標に向かって努力することを学びました。そこから、国際的にもオランダの特徴とされる、大きな課題を集団で創意工夫を凝らして解決する力が生まれたのです。このコモングラウンド（共創の礎）があったからこそ、オランダは集団で海や河川を制御し、雨風とともに生きることを学ぶことができ

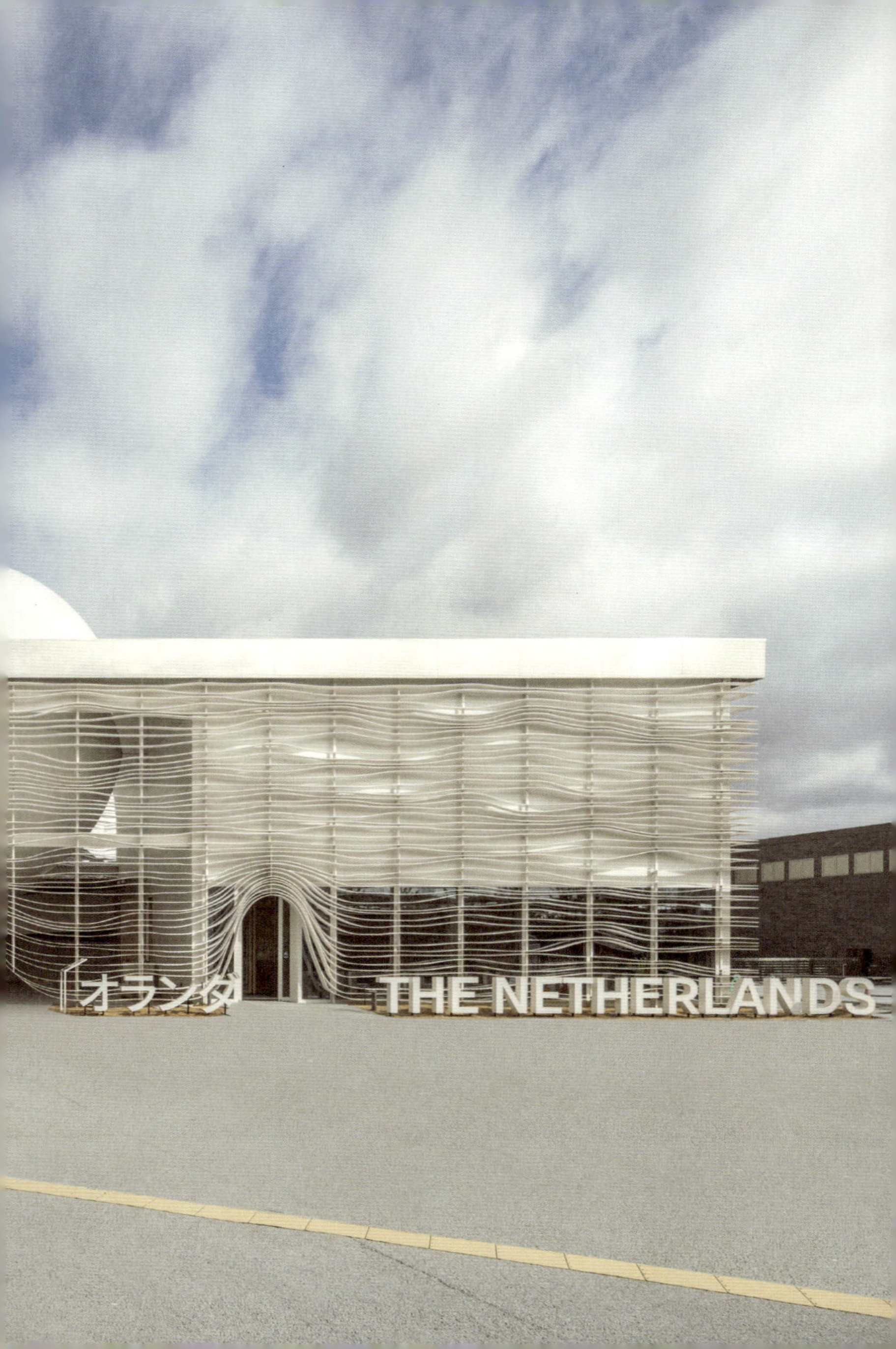
オランダ
THE NETHERLANDS

たのです。コモングラウンドの原則にもとづくこのオランダらしい考え方が、大阪・関西万博におけるオランダのメインテーマです。

異なる視点を持ち寄ることで、人々は互いをよりよく理解し、尊重し合い、既成概念にとらわれずに考え、思いもよらない可能性を発見することができます。こうして、すべての人にとってより持続可能で健やかな生活のために、画期的な解決策が生まれるのです。

自由な精神にもとづくこの姿勢をもって、地球上のすべての生命の健康と安全を脅かす地球規模の危機に対処するために、組織的かつ集団的責任を負うことができます。各国がそれぞれ抱える危機は、気候変動、生物多様性の喪失、パンデミック、経済的不平等などが絡み合った地球規模の危機の一部である、という認識が高まっています。危機は、私たちが力を合わせ、協力して行動することでしか解決できません。

オランダパビリオンは、開放的で魅惑的な建物で、より持続可能で健康的な生活様式をともに思い描くためのみんなのコモングラウンドです。そして、既存の仕組みを単に最適化するのではなく、根本的に変革する解決策によって、私たちが、そして未来の世代が直面する深遠な課題にどのように、そしてなぜ答えられるのか、を示すものです。

コモングラウンドの新たな幕開け

ＲＡＵアーキテクツが設計した建物自体が、パビリオンが伝えたい大きな物語を表現しています。それは細長い直方体の形状で構成されており、波のようなデザインは水を表しています。波の全長は４２５０メートルとなっており、日本とオランダの４２５年にわたる友好関係を象徴するものとなっています。中央にはパビリオンの心臓部である発光球体があり、それは無限のエネルギーという普遍的な性質を表すとともに、新しいテクノロジーを提示しています。水面から昇ってくるかのように見えるこの光の球体は、55年前のインスピレーションとなった「太陽の塔」の未来を表す黄金の太陽の直径と同じ大きさです。無限のエネルギーという展望は、１９７０年代の未来への楽観主義と結びつき、オランダパビリオンのモットーである「コモングラウンドの新たな幕開け」という新しい時代を切り拓きます。

光り輝く球体の胴体部分は、パビリオンを構成する二つの空間を結ぶ大屋根によって支えられています。この構造は、協力という原則を視覚化したものです。パビリオン中央のホールに足を踏み入れると、光る球体の下、二つの建物の間に光溢れる空間が広がります。抽象的で神秘的な薄紫がかったグレーの光が、水面と鏡張りの天井に反射し、その光はオフホワイトの壁によって和らげられます。外からは、波打つブラインドによって遮られ弱まった音だけが入ってきます。向かい側には、小さな光る球体の隣から、来場者を上方に導くスロープが始まっています。鏡張りの屋根の上には、水面から昇る朝日のように半球が浮かび上がります。日出ずる国の新しい夜明けさながらに。パビリオン内では、体験型デザインスタジオのTellartが手掛けたインタラクティブな展示が満載の、没入型感覚の旅を堪能することができます。このパビリオンは、気候変動などの世界的な課題に対するオランダの革新的アプローチと協調の精神を表現したものです。建築の創造性とインタラクティブなデザインを融合させたパビリオンは、私たちが力を合わせれば実現できる持続可能な未来に向けた希望に満ちたビジョンを提示します。

このパビリオンの特徴的な点は、個人向けのストーリーテリングツールである「エネルギーオーブ」です。来場者は、入場時に、展示物を起動させるためのエネルギーの器であるオーブを受け取ります。これにより、さまざまなかたちのエネルギーを体験することができます。オーブのデザインは、このパビリオンの象徴である人工太陽にインスピレーションを得たもので、その由来は「太陽の塔」です。

入場すると、来場者はまず音波で振動する水盤を発見します。それは、混沌とした水の模様を同期した波へと転換し、調和のとれたイメージを作り上げます。この水盤は、オランダと水との独特な関係性と、海との歴史的な闘いを表すとともに、人々が力を合わせ、コモングラウンドを見出すことで生まれる調和を象徴しているのです。

エネルギーオーブを手にした来場者は、歴史の旅に出かけ、さまざまなエネルギーの壁にエネルギーを供給します。この対話型の壁は、火との最初の出会いから、限りある資源に依存する今日に至る、人類とエネルギーとの歴史的な関係を示しています。旅の終わりには、化石燃料の枯渇を象徴するように、オーブは空になります。

空になった脈動するオーブを手にパビリオンのドームに入った来場者は、天井に投影されたＡＩ生成の没入型映画を見ます。『A New Dawn（新たな幕開け）』と題されたこの映画は、世界にエネルギーを供給するために、地球と地球が蓄える資源との関係を再定義し、協力し合うことが今すぐに必要であることを訴えるものです。映画が終わると、エネルギーオーブは、再生可能エネルギー源を象徴し未来への希望と力を表すまばゆい紫色の光で充電されます。

充電されたオーブを携え、来場者はパビリオンの最後の体験へと進みます。ここでの主役は「イノベーショントラック」です。オランダで開発されている希望に満ちた楽観的な未来に寄与する革新的な技術が紹介されます。この体験は「プレッジ（誓約）ステーション」で最高潮に達します。そこで来場者は、生成アート作品を共同制作することにより、コモングラウンドという考え方を実践するよう誘導されます。この最後の展示を通じて、パビリオンが伝えようとしているメッセージが、私たちの共通の未来に向けた具体的な行動へとかたちを変えていくのです。

オランダパビリオンは、Tellartによる革新的な技術を用いて、文化的かつ環境的テーマを探求できる体験を来場者に提供しています。対話型のストーリーテリングと没入型のデザインを組み合わせたこのパビリオンは、私たちが、エネルギーや天然資源、そして私たちの集団的行動との関係について、深く考えるきっかけを与えるものになっています。

循環性

パビリオンは、マダスターのマテリアル・パスポートを備えた「素材貯蔵庫」として設計されています。使用されているすべての素材、部品、製品が特定、登録そして記録されています。その前提となる考え方は、すべての素材が再び利用可能となり、価値を失うことなく将来再利用できるようにすることです。

万博のパビリオンは一時的なものです。オランダパビリオンも、半年後には撤去しなければなりません。循環型経済の目標は、私たちの一時的なニーズに対応しつつ、使用する資源を無限に利用可能なかたちに保つことです。そのため、パビリオンについても、建物、製品、素材を可能な限り高い品質レベルで保存することを目指しました。万博が一時的なものであることを踏まえ、移動可能なパビリオンを建設することに尽力しました。躯体、外壁、仕上げに至るまで建物全体が再構築可

能です。使用されているすべての要素と素材は取り外しできるかたちで接合され、接合部やネジはあえて露出されています。さらに、すべての要素にはマダスターに記録された特定の身元証明書（マテリアル・パスポート）が付与されています。万博終了後、パビリオンは解体され、輸送に備えて保管されます。その後、パビリオンは新しい使命を帯びて新しい場所に移動されます。体験型展示物のすべての部分は、サプライヤーからプロダクト・アズ・ア・サービス（製品のサービス化）の形態で調達されており、万博終了時に返却されます。

エコノミーからエドノミーへ

オランダパビリオンは、かつて何世紀にもわたって日本経済の中核をなしていた原則を呼び戻します。1603年から1868年まで、江戸（現在の東京）は徳川幕府の本拠地でした。1792年までに、江戸は小さな漁村から、当時のロンドンやパリを大幅に凌ぐ人口約100万人の世界最大の都市に成長していました。しかし、鎖国政策のもとで資源は不足しており、日本は無駄のない国にならざるを得ませんでした。

社会哲学者ローマン・クルツナリックが、その著書『History for Tomorrow（明日のための歴史）』で

「エドノミー（江戸経済）」と呼んだ江戸時代の経済は、資源の不足と対外貿易の制限という状況のなかで生まれたものです。効率的に組織化された閉鎖型システムのなかで、素材は再利用、修理、そしてリサイクルされていました。使用済みの金属や木屑から、紙、さらには樹皮の繊維に至るまで、あらゆるものが再利用されました。このアプローチは、生態系を回復するために何百万本もの木を植えるという、新たな森林再生政策によってさらに強化されました。こうしてエドノミーは、循環型経済の原則にもとづいた、高度に組織化された世界最初の大規模な閉鎖型システムの一つとなったのです。

この日本のアプローチは、現代社会にとって貴重な教訓を与えてくれます。エドノミーは、何も無駄にしない、まだ使えるものは使う「もったいない」という原則を体現していました。徳川幕府は、法律によってだけでなく、自然資源を尊重する文化を促進することによって、この原則を実践したのです。

江戸時代には、日本とオランダの間にも特別な絆が生まれました。１６００年４月19日、オランダのガレオン船「デ・リーフデ号」が九州の臼杵《うすき》湾を経て日本沿岸に到達しました。１６０９年、徳川幕府はオランダと独占貿易協定を結び、平戸《ひらど》に日本で最初のオランダ商館が設置されました（のちに、出島《でしま》に移転）。１６３９年に徳川幕府が鎖国政策を導入すると、オランダとの関係は非常に強固なものとなり、オランダは日本との貿易を許された唯一の外国となりました。

デ・リーフデ号の日本上陸から425年が経った今、「エドノミー」の原則が、革新的な方法によって素材を再利用しエネルギーを活用する完全循環型の建物であるオランダパビリオンを通じて、日本に戻ってきます。パビリオンは来場者に、江戸時代と同じように、廃棄物のない未来を作るための自らの役割について、しばし立ち止まって考えることをうながします。このパビリオンはエドノミーの精神を受け継ぎ、私たち自身の今のニーズを満たすだけでなく、未来の世代の遺産を守る世界のためのマニフェストなのです。

オランダパビリオンの「コモングラウンド」において、オランダの創意工夫と、古来からのエドノミーの知恵が、夜明けのように融合します。それは、未来に向けた経済の新たな幕開けです。

付録1

「世界人権宣言」「世界素材権宣言」

前文A

人類社会のすべての構成員の固有の尊厳と平等で譲ることのできない権利とを承認することは、世界における自由、正義及び平和の基礎であるので、

素材は生命の基盤であるとともに不可欠な一部であることを承認することが肝要であるので、

前文B

人権の無視及び軽侮が、人類の良心を踏みにじった野蛮行為をもたらし、言論及び信仰の自由が受けられ、恐怖及び欠乏のない世界の到来が、一般の人々の最高の願望として宣言されたので、

素材権の無視及び軽侮が、人類の良心を踏みにじった野蛮行為をもたらし、天然素材が生命の永続のために永久に利用可能となる世界の到来が、生命自体の最高の願望として宣言されたので、

前文C

人間が専制と圧迫とに対する最後の手段として反逆に訴えることがないようにするためには、法の支配によって人権保護することが肝要であるので、

人間が人間の先見の明のなさと浪費行動とに対する最後の手段として反逆に訴えることがないようにするためには、法の支配によって素材権を保護することが肝要であるので、

前文D

諸国間の友好関係の発展を促進することが、肝要であるので、

素材の役割に対する認識と、人間の素材との関係に

関する長期的ビジョンの策定を、促進することが肝要であるので、

前文E

国際連合の諸国民は、国際連合憲章において、基本的人権、人間の尊厳及び価値並びに男女の同権についての信念を再確認し、かつ、一層大きな自由のうちで社会的進歩と生活水準の向上とを促進することを決意したので、

国際連合の諸国民は、国際連合憲章において、基本的人権、人間の尊厳及び価値並びに男女の同権についての信念を再確認し、かつ、一層大きな自由のうちで、これまで素材の適切な扱いが守られていない社会の進歩と生活水準の向上とを促進することを決意したので、

前文F

加盟国は、国際連合と協力して、人権及び基本的自由の普遍的な尊重及び遵守の促進を達成することを誓約したので、

加盟国は、国際連合と協力して、人権並びに素材権及び基本的自由の普遍的な尊重及び遵守の促進を達成することを誓約したので、

前文G

これらの権利及び自由に対する共通の理解は、この誓約を完全にするためにもっとも重要であるので、

これらの権利及び自由に対する共通の理解は、この誓約を完全にするためにもっとも重要であるので、

前文H

よって、ここに、国際連合総会は、社会の各個人及び各機関が、この世界人権宣言を常に念頭に置きながら、加盟国自身の人民の間にも、また、加盟国の管轄下にある地域の人民の間にも、これらの権利と自由との尊重を指導及び教育によって促進すること並びにそれらの普遍的かつ効果的な承認と遵守とを国内的及び国際的な漸進的措置によって確保することに努力するように、すべての人民とすべての国とが達成すべき共通の基準として、この世界人権宣言を公布する。

よって、ここに、国際連合総会は、社会の各個人及び各機関が、この世界素材権宣言を常に念頭に置きながら、加盟国自身の人民の間にも、また、加盟国の管轄下にある地域の人民の間にも、これらの権利と自由との尊重を指導及び教育によって促進すること並びにそれら

の普遍的かつ効果的な承認と遵守とを国内的及び国際的な漸進的措置によって確保することに努力するように、すべての人民とすべての国とが達成すべき共通の基準として、この素材権宣言を公布する。

第1条

すべての人間は、生まれながらにして自由であり、かつ、尊厳と権利とについて平等である。人間は、理性と良心とを授けられており、互いに同胞の精神をもって行動しなければならない。

素材は生命の基盤であるとともに不可欠な一部である。素材は、意味、目的および有用性を授けられており、生命そのものを延長する精神をもって扱われなければならない。

第2条

1・すべて人は、人種、皮膚の色、性、言語、宗教、政治上その他の意見、国民的もしくは社会的出身、財産、門地その他の地位又はこれに類するいかなる事由による差別をも受けることなく、この宣言に掲げるすべての権利と自由とを享有することができる。

1・すべて素材は、成分、段階、色、質感、物理的もしくは化学的特質、未使用もしくは製造元、適応、価値又はこれに類するいかなる事由による差別をも受けることなく、この宣言に掲げるすべての権利と自由とを享有することができる。

2・さらに、個人の属する国又は地域が独立国であると、信託統治地域であると、非自治地域であると、又はその他のなんらかの主権制限の下にあるとを問わず、その国又は地域の政治上、管轄上又は国際上の地位に基づくいかなる差別もしてはならない。

2・さらに、素材が位置する国又は地域が独立国であると、信託統治地域であると、非自治地域であると、又は他のなんらかの主権制限の下にあるとを問わず、その国又は地域の政治上、管轄上又は国際上の地位に基づくいかなる差別もしてはならない。

第3条

すべて人は、生命、自由及び身体の安全に対する権利を有する。

すべての素材は、生命への貢献、適用の自由及び純度

の保護に対する権利を有する。

第4条

何人も、奴隷にされ、又は苦役に服することはない。奴隷制度及び奴隷売買は、いかなる形においても禁止する。

いかなる素材も、本来の形への回復が不可能なように混合されてはならない。このような混合は、いかなる形においても禁止する。

第5条

何人も、拷問又は残虐な、非人道的なもしくは屈辱的な取扱もしくは刑罰を受けることはない。

いかなる素材も、未来の生命に貢献する能力を低下させる取扱を受けてはならない。

第6条

すべて人は、いかなる場所においても、法の下において、人として認められる権利を有する。

すべての素材は、人、企業、国家がそうであるように、法の下において、素材として認められる権利を有する。

第7条

すべての人は、法の下において平等であり、また、いかなる差別もなしに法の平等な保護を受ける権利を有する。すべての人は、この宣言に違反するいかなる差別に対しても、また、そのような差別をそそのかすいかなる行為に対しても、平等な保護を受ける権利を有する。

すべての素材は、この宣言に違反するいかなる差別に対しても、また、そのような差別をそそのかすいかなる行為に対しても、平等な保護を受ける権利を有する。

第8条

すべて人は、憲法又は法律によって与えられた基本的権利を侵害する行為に対し、権限を有する国内裁判所による効果的な救済を受ける権利を有する。

すべての素材は、憲法又は法律によって与えられた基本的権利を侵害する行為に対し、権限を有する国内裁判所によって保護される権利を有する。

第9条

何人も、ほしいままに逮捕、拘禁、又は追放されることはない。

いかなる素材も、廃棄物の状態に置かれることはない。廃棄物の状態とは、素材に関する情報のない状態もしくは回復不可能な状態として定義される。

第10条

すべて人は、自己の権利及び義務並びに自己に対する刑事責任が決定されるに当たっては、独立の公平な裁判所による公正な公開の審理を受けることについて完全に平等の権利を有する。

すべての素材は、その現在の形態、適用または使用法が陳腐化した場合、次の行先、適用または使用が決定されるに当たっては、独立かつ公平な機関による公正な公開の評価を受けることについて完全に平等の権利を有する。

第11条

1・犯罪の訴追を受けた者は、すべて、自己の弁護に必要なすべての保障を与えられた公開の裁判において法律に従って有罪の立証があるまでは、無罪と推定される権利を有する。

1・不可逆的な混合やデータの損失により、損失や廃棄の状態に陥った素材は、再び純粋であることが証明されるまで、回復または更新されるために適切な調査を受ける権利を有する。

2・何人も、実行の時に国内法又は国際法により犯罪を構成しなかった作為又は不作為のために有罪とされることはない。また、犯罪が行われた時に適用される刑罰より重い刑罰を科せられない。

2・不可逆的な損害がいつ素材に課せられたかにかかわらず、いかなる素材においても決して永久に不可逆的な状態が認められることはない。ただし、回復可能性の追求は、代替適用のほうがより生命に寄与する場合においては、代替適用の追求に取って代わられることができる。

第12条

何人も、自己の私事、家族、家庭もしくは通信に対して、ほしいままに干渉され、又は名誉及び信用に対して攻撃を受けることはない。人はすべて、このような干渉又は攻撃に対して法の保護を受ける権利を有する。

素材に関するデータは、ほしいままに干渉され、データを管理するシステムへの攻撃を受けることはない。すべての素材は、素材が廃棄物とみなされることを防ぐために、データへの攻撃から保護される権利を有する。

第13条

1・すべて人は、各国の境界内において自由に移転及び居住する権利を有する。

1・すべて素材は、各国の境界内において自由に移転及び適用される権利を有する。

2・すべて人は、自国その他いずれの国をも立ち去り、及び自国に帰る権利を有する。

2・すべて素材は、採取国その他いずれの国をも離れ、及び再利用可能状態に戻る権利を有する。

第14条

1・すべて人は、迫害を免れるため、他国に避難することを求め、かつ、避難する権利を有する。

1・すべて素材は、廃棄物になることを避けるため他国に庇護を求め、これを享受する権利を有する。

2・この権利は、もっぱら非政治犯罪又は国際連合の目的及び原則に反する行為を原因とする訴追の場合には、援用することはできない。

2・この権利は、他国における経済的に有利な廃棄物の投棄を正当化する理由として援用されてはならない。

第15条

1・すべて人は、国籍をもつ権利を有する。

1・独自の特性を持った素材の集合体は、固有のアイデンティティを持つ権利を有する。

2・何人も、ほしいままにその国籍を奪われ、又はその国籍を変更する権利を否認されることはない。

2・いかなる独自の特性を持った素材の集合体も、その固有のアイデンティティを恣意的に奪われてはならない。

第16条

1・成年の男女は、人種、国籍又は宗教によるいかなる制限をも受けることなく、婚姻し、かつ家庭をつくる権利を有する。成年の男女は、婚姻中及びその解消に際し、婚姻に関し平等の権利を有する。

1・明確なアイデンティティを持つ個々の素材は、新しい素材に統合される権利を有する。ただし、その時点に至るまでの素材の履歴が追跡可能であり、かつ、統合を解除する方法についての情報があることを条件とする。

2・婚姻は、両当事者の自由かつ完全な合意によってのみ成立する。

2・統合は、結果として生じる素材のすべての影響が把握され、記録され、新旧両方の素材に関連付けられている場合にのみ行われる。

3・家庭は、社会の自然かつ基礎的な集団単位であって、社会及び国の保護を受ける権利を有する。

3・素材は、生命の自然かつ基礎的な構成要素であって、社会及び国の保護を受ける権利を有する。

第17条

1・すべて人は、単独で又は他の者と共同して財産を所有する権利を有する。

1・すべての素材は、真摯にその状態に関心を寄せる管理者を持つ権利を有する。

2・何人も、ほしいままに自己の財産を奪われることはない。

2・いかなる素材も、ほしいままにその管理者を奪われることはない。

第18条

すべて人は、思想、良心及び宗教の自由に対する権利を有する。この権利は、宗教又は信念を変更する自由並びに単独で又は他の者と共同して、公的に又は私的に、布教、行事、礼拝及び儀式によって宗教又は信念を表明する自由を含む。

非永続性という概念は、素材から作られているすべての製品、機器、用途、部品などにとって重要な鍵であると考えられる。唯一永続的であるとみなされるのは、すべての素材とその履歴、現在および将来の用途を網羅した、簡潔で包括的なデータであり、これは常に更新され進化しつつ、いつでもどこでも存在する。

第19条

すべて人は、意見及び表現の自由に対する権利を有する。この権利は、干渉を受けることなく自己の意見をもつ自由並びにあらゆる手段により、また、国境を越えると否とにかかわりなく、情報及び思想を求め、受け、及び伝える自由を含む。

すべて素材は、次の用途の自由に対する権利を有する。この権利は、干渉を受けることなく次の用途が検討される自由、並びに管理者があらゆる手段により、また、国境を越えると否とにかかわりなく、情報やアイデアを求め、受け取り、伝える自由を含む。

第20条

1・すべての人は、平和的集会及び結社の自由に対する権利を有する。

1・すべての素材は、生命を支えるための結合と配置に対する権利を有する。

2・何人も、結社に属することを強制されない。

2・他の場所に再利用可能な素材がある限り、新たな天然素材を採掘してはならない。

第21条

1・すべて人は、直接に又は自由に選出された代表者を通じて、自国の政治に参与する権利を有する。

1・すべて素材は、登録管理される権利を有する。

2・すべて人は、自国においてひとしく公務につく権利を有する。

2・すべて素材は、全世界の行政機能及び制度においてひとしく扱われる権利を有する。

3・人民の意思は、統治の権力の基礎とならなければならない。この意思は、定期のかつ真正な選挙によって表明されなければならない。この選挙は、平等の普通選挙によるものでなければならず、また、秘密投票又はこれと同等の自由が保障される投票手続によって行われなければならない。

3・採掘地の住民の意思が、採掘された素材に対する権限の基礎とならなければならない。この意思は、定期のかつ真正な選挙によって表明されなければならない。この選挙は、平等の普通選挙によるものでなければならず、また、秘密投票又はこれと同等の自由が保障される

投票手続によって行われなければならない。

第22条

すべて人は、社会の一員として、社会保障を受ける権利を有し、かつ、国家的努力及び国際的協力により、また、各国の組織及び資源に応じて、自己の尊厳と自己の人格の自由な発展とに欠くことのできない経済的、社会的及び文化的権利を実現する権利を有する。

すべて素材は、地球という閉鎖型システムの一部として、「閉鎖型システムでは、安定したバランスを維持するためにあらゆるものが等しく重要である」という、いかなる閉じたシステムにも共通の基本設計ルールに従って適用される権利を有する。

第23条

1・すべて人は、勤労し、職業を自由に選択し、公正かつ有利な勤労条件を確保し、及び失業に対する保護を受ける権利を有する。

1・すべて素材は、適用される権利、適用方法を自由に割り当てられる権利、寿命を維持する権利、陳腐化から保護される権利を有する。

2・すべて人は、いかなる差別をも受けることなく、同等の勤労に対し、同等の報酬を受ける権利を有する。

2・すべて素材は、いかなる差別をも受けることなく、同等の適用における同等の使用に対し、同等の報酬を受ける権利を有する。

3・勤労する者は、すべて、自己及び家族に対して人間の尊厳にふさわしい生活を保障する公正かつ有利な報酬を受け、かつ、必要な場合には、他の社会的保護手段によって補充を受けることができる。

3・適用される素材はすべて、寿命の延長を確保する公正で好ましいコスト構造を持つ権利を有し、必要であれば、既知の外部性に対する追加の費用要素によって補完される権利を有する。

4・すべて人は、自己の利益を保護するために労働組合を組織し、及びこれに参加する権利を有する。

4・すべて素材は、自己の寿命を支えるために、素材を保護する労働組合の一部を構成する権利を有する。

第24条

すべて人は、労働時間の合理的な制限及び定期的な有給休暇を含む休息及び余暇をもつ権利を有する。
すべて素材は、在庫（匿名性を防ぐという特定の目的をもった、半永久的な未使用状態、と定義される）になる権利を有する。

第25条

1・すべて人は、衣食住、医療及び必要な社会的施設等により、自己及び家族の健康及び福祉に十分な生活水準を保持する権利並びに失業、疾病、心身障害、配偶者の死亡、老齢その他不可抗力による生活不能の場合は、保障を受ける権利を有する。

1・すべて素材は、データ構造や保存方法、適用、効果、副次的効果、外部性に関する学術研究を含め、現在の存在形態のみならず、将来の存在形態も支える費用もしくは料金体系を持つ権利を有する。

2・母と子とは、特別の保護及び援助を受ける権利を有する。すべての児童は、嫡出であると否とを問わず、同じ社会的保護を受ける。

2・バージン素材および新規の人工素材は、特別の保護と配慮を受ける権利を有する。好ましくは、すでに利用されている人工素材についても、同レベルの保護と配慮をもって改修されるべきである。

第26条

1・すべて人は、教育を受ける権利を有する。教育は、少なくとも初等の及び基礎的の段階においては、無償でなければならない。初等教育は、義務的でなければならない。技術教育及び職業教育は、一般に利用できるものでなければならず、また、高等教育は、能力に応じ、すべての者にひとしく開放されていなければならない。

1・すべて素材は、学術研究を受ける権利と、その結果が公表される権利を有する。効果、副次的効果、外部性の研究は義務付けられる。技術的な成果は一般に公開され、先端研究は、生命への貢献に基づいてすべての人が利用できるものとする。

2・教育は、人格の完全な発展並びに人権及び基本的自由の尊重の強化を目的としなければならない。教育は、すべての国又は人種的もしくは宗教的集団の相互間の理解、寛容及び友好関係を増進し、かつ、平和の維持のため、国際連合の活動を促進するものでなければならない。

2・学術研究は、生命の全面的発展、生命とそれを可能にする素材に対する尊重の強化を目的としなければならない。また、生命の永続の重要性に対する認識を促進するものでなければならない。

3・親は、子に与える教育の種類を選択する優先的権利を有する。

3・未採掘の素材が存在する地域の住民は、その素材に関する研究の種類と潜在的な適用（または不適用）を選択する優先的権利を有する。

第27条

1・すべて人は、自由に社会の文化生活に参加し、芸術を鑑賞し、及び科学の進歩とその恩恵とにあずかる権利を有する。

1・すべて素材は、特に科学の進歩の恩恵によって素材が元の状態に戻れる限りにおいて、その恩恵にあずかる権利を有する。

2・すべて人は、その創作した科学的、文学的又は美術的作品から生ずる精神的及び物質的利益を保護される権利を有する。

2・すべて素材は、新たなレベルで価値を創造するより大きな集合体（部品や製品など）の一部であり続ける権利を有する。

第28条

すべて人は、この宣言に掲げる権利及び自由が完全に実現される社会的及び国際的秩序に対する権利を有する。

すべて素材は、この宣言に掲げる権利及び自由が完全に実現される社会的及び国際的秩序に対する権利を有する。

第29条

1・すべて人は、その人格の自由かつ完全な発展がその中にあってのみ可能である社会に対して義務を負う。

1・（書き換えを検討。提案を歓迎します。）

2・すべて人は、自己の権利及び自由を行使するに当たっては、他人の権利及び自由の正当な承認及び尊重を保障すること並びに民主的社会における道徳、公の秩序及び一般の福祉の正当な要求を満たすことをもっぱら目的として法律によって定められた制限にのみ服する。

2・（書き換えを検討。提案を歓迎します。）

3・これらの権利及び自由は、いかなる場合にも、国際連合の目的及び原則に反して行使してはならない。

3・これらの権利及び自由は、いかなる場合にも、国際連合の目的及び原則に反して行使してはならない。

第30条

この宣言のいかなる規定も、いずれかの国、集団又は個人に対して、この宣言に掲げる権利及び自由の破壊を目的とする活動に従事し、又はそのような目的を有する行為を行う権利を認めるものと解釈してはならない。

この宣言のいかなる規定も、いずれかの国、集団又は個人に対して、この宣言に掲げる権利及び自由の破壊を目的とする活動に従事し、又はそのような目的を有する行為を行う権利を認めるものと解釈してはならない。

第8章で述べているように、筆者たちはTurntooのメンバーや専門家とともに、国際連合の「世界人権宣言」に対応するかたちで「世界素材権宣言」を作成中である。２０１８年、第１版を国連で発表した。

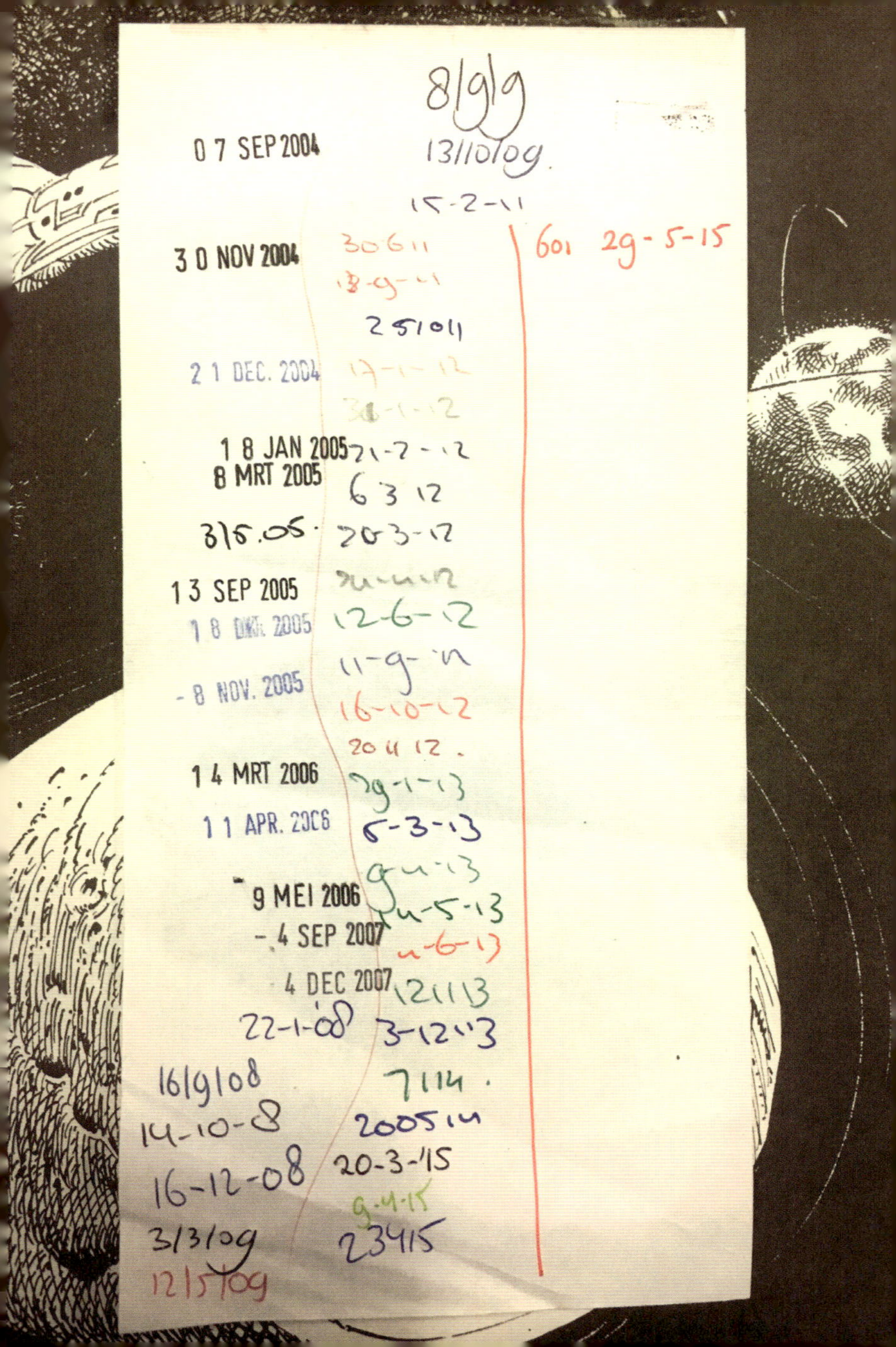

8/9/9

0 7 SEP 2004

3 0 NOV 2004

2 1 DEC. 2004

1 8 JAN 2005

8 MRT 2005

3/5.05.

1 3 SEP 2005

1 8 OKT. 2005

- 8 NOV. 2005

1 4 MRT 2006

1 1 APR. 2006

9 MEI 2006

- 4 SEP 2007

4 DEC 2007

22-1-08

16/9/08

14-10-8

16-12-08

3/3/09

12/5/09

13/10/09.

15-2-11

30 6 11

13-9-11

25/10/11

17-1-12

31-1-12

21-7-12

6 3 12

20-3-12

11-4-12

12-6-12

11-9-12

16-10-12

20 11 12.

29-1-13

5-3-13

9-4-13

14-5-13

11-6-13

12/11/13

3-12-13

7/1/14.

20/05/14

20-3-15

9-4-15

23/4/15

601 29-5-15

付録2

所有から享受へ

「経済は図書館のように管理されなければならない」

―――――――― トーマス・ラウ

この本、もう読みましたか？
『マテリアル循環革命』はインスピレーション溢れる本です。
どんどん、回し読みしましょう。

日付：…………………………　読んだ人：……………………………………………

日付：…………………………　読んだ人：……………………………………………

日付：…………………………　読んだ人：……………………………………………

日付：…………………………　読んだ人：……………………………………………

日付：…………………………　読んだ人：……………………………………………

日付：…………………………　読んだ人：……………………………………………

日付：…………………………　読んだ人：……………………………………………

日付：…………………………　読んだ人：……………………………………………

次は誰に回しますか？

解説

日本における「循環」の過去・現在・未来

田中浩也
慶應義塾大学 環境情報学部 教授
COI-NEXT「リスペクトでつながる『共生アップサイクル社会』共創拠点」
プロジェクトリーダー

日本文化とともにあった「循環」

「循環」は日本にとって、過去からなじみ深い概念である。だが、改めて「循環」とは何だろうか。『循環型社会の制度と政策』（細田衛士・室田武編、岩波書店、２００３年）のなかに次のような簡明な解説がある（12〜13ページ）。

古典ラテン語で循環（circulatio）は、円を描くような動き全般を意味していたが、それは何らかの中心を前提とするものであった。また、神や永遠なるものを中心にして命や時間が循環するというように、比喩的な使われ方もされていた。中世後期の英語では循環（circulation）は液体が繰り返し蒸発しては元の状態に戻ることを意味していた。こうした古い循環概念に共通しているのは、循環するものが異質で非対称な空間のあいだを移動しており、しかもそれぞれの空間を区別しながら結びつけていたことである。（中略）

このように、循環は古来の用法では、何らかの状態が様々に変化しながら元の状態に戻ること、つまり状態の循環を表す概念であった。これに対して、物質の循環はハーヴェイが血液の循環を発見して以来注目されるようになった比較的新しい考え方である。

説明はさらに次のように続く。

ここで興味深いのは、生物学者の柴谷篤弘が、生物学では循環に2通りの意味がある、と述べていることである。すなわち、「実際に物質が回るという意味の循環と、生物のある状態が次々変化して、また最初の状態が戻ってくるという意味の循環」である。（中略）

柴谷は、生態系における食物連鎖を、たんに物質の循環としてとらえるのではなく、四季の変化を通して生物間の関係が元に戻るという、状態の循環としてもとらえなければいけないことを明らかにしている。

生物学における「物質の循環」と「状態の循環」の二重の循環性。この感覚は「四季」というサイクル（状態変化）を生活文化に織り込んできた私たちには、とても馴染みやすいものだろう。そしてその自然な延長として、人間が作りだす人工物の設計・運用ルールにも、「二重の循環」を織り込もうとする知恵と工夫が生まれてきた。

伊勢神宮の式年遷宮は、20年に一度宮処《みやどころ》を改め、社殿や御装束神宝《おんしょうぞくしんぽう》をはじめすべてを新しく作りかえ、大御神《おおみかみ》に新宮《にいみや》へお遷《うつ》りいただく、1300年にわたり繰り返されてきた祭である。20年は再生可能資源として木が育つ時間であり、また人間社会における世代継承の周期とも適合しているという。式年遷宮で解体された木材は、全国の神社・末社に譲渡され、建物の修復などに使われる。近年では大震災で被災した神社の復興や、火事で社殿が全焼した神社の再建などに活用された例もあるという。20年という周期をもとに「物質」と「状態」の両方が同時に循環しているのである。

工業化の時代を迎えた前世紀後半には、生物の新陳代謝の概念を取り込んだ「メタボリズム」という建築運動があった。古い細胞が新しい細胞に入れ替わるように、社会の成長や変化に対応する建築が目指された。その代表例ともいえる「中銀《なかぎん》カプセルタワービル」（設計・黒川紀章）は築後50年が過ぎ解体されたばかりだが、現在はその一部をカプセルとして再利用するプロジェクトが進行している[1]。

今回の日本語版では新たに「日本語版特別寄稿　コモングラウンドの新たな幕開け」が追加され、「エドノミー（江戸時代の経済モデル）」に言及されているが、「循環」概念は、各時代に多層的に編み上げられてきたものでもある。われわれの文化のなかに脈々と存在してきた概念であることを再認識したい。

「しげんバンク」としての都市、建築、人工物にむかって

過去から連なる系譜のもと、21世紀も四半世紀が過ぎた今、われわれは循環概念をもう一歩アップデートしなければいけない時代にいる。新たに知恵を絞らなければならないのは、単なる「循環する」人工物ではなく、「**経済とともに**循環する」新たな仕組み作りについてである。サーキュラーエコノミー（循環型経済）という新たな経済モデルに即した具体的な人工物と、そのシステムを構想し運用することが求められているのだ。本書はその基本的な世界観と哲学をわれわれに提供してくれる。

本書の原著である『Material Matters: Developing Business for a Circular Economy』は、は2016年にオランダで出版されたもので比較的新しいが、この分野の各国の動きはとても速い。ここ数年の間にも基盤となる技術開発も進められており、特に本書で概念が整理された「マテリアル・パスポート」（6章）は日本を含めていくつもの大規模研究開発が進められている。「DPP（デジタル・プロダクト・パスポート）」とも呼ばれる場合もあるが、「もの」に「情報」を付随させて流通管理する技術体系が、サーキュラーエコノミー全般を支える基盤技術になることは共通理解となりつつある。

マテリアル・パスポートには現在複数の試みがあるが、私たちは、本書7章で概説された「マダスター（Madaster）」というプラットフォームを日本で運用するための研究を、コンソーシアムを運営しながらオランダMadaster社と連携し、具体的に進めている[2]。マダスターは、建築を出発点として、土木・地域資源・プロダクトへと今後拡張を進めていくことが企図されている「資源マネジメントシステム」である。世の中にはさまざまな人工物があるが、そのなかで建築は、素材の点数から見ても、関わるステイクホルダーの多さを考えても、そして内包する時間軸の長さを考えても、おそらくもっとも「複雑な」人工物の一つであるといってよいだろう。まずその建築を題材として「経済とともに循環する」人工物を具現化することができれば、その可能性は、自動車・電子製品・生活用品など他のさまざまな分野にも応用できるのではないだろうか。

私がこのシステムに実際に触れて深く感じ入るのは、マダスターが、単に建築に情報を付随させて部材を管理するという利便性だけでなく、サーキュラーエコノミーの時代における建築の「価値」そのものの再考を迫ってくる点にある。具体的には、建築分野で使われるＢＩＭ（Building Information Modelling）をベースに、建築のあらゆる部材をデータベース化し、それぞれのリサイクル率、分解可能性、二酸化炭素削減率などを入力することで、「サーキュラーエコノミー」の観点から見た建築の全体像を明らかにし、その度合い・達成度の数値評価を可能にする。

そこから生まれる「新しい価値」は、建築をめぐる3方向のステイクホルダーと強く響きあう。一つは、設計者にとっての価値である。現代の建築設計者は、「カーボンニュートラル（脱炭素）」との関連を無視することはできない。建築におけるカーボンニュートラルは、これまで主にエネルギー消費を減らす観点から「ZEB（ゼロ・エネルギー・ビルディング）」として標準化されてきた。しかしながらエネルギー効率で扱えるのは、建築の時間軸のなかで「運用段階」のみである。建築の「資源調達段階、施工段階、解体段階」における二酸化炭素排出の取り扱いは現在進行形で検討が進められている。マダスターはその一助として、資源循環の観点から二酸化炭素排出削減率を計算することを支援する。そして建築を「CEB（サーキュラー・エコノミー・ビルディング）」ととらえ、不動産の環境価値を測る基盤となるだろう。

二つめは、オーナーにとっての価値である。建築は通常「資産価値」で測られ、それは時間とともに減衰し、解体時には解体費用が発生していた。しかし十分に分解可能性が担保された建築は、その解体時に「部材」を再販売・再流通させる可能性が保持されていることになる。本書で述べられた「材料の一時的な貯蔵庫」としての建築は、将来にわたって価値を持ち続けることになる。オーナーは建築という人工物を通じて「資源を預かっている」ことになるだろう。

最後に、地域社会とのかかわりである。マダスターに登録された建築は、時代にあわせた改変可能性、将来の解体時の再利用性などを常に検討するための「素材と部品の生きた教科書」になる。今ある形の建築を空間として利用するだけでなく、30年後、50年後に解体された際の「部材二次利用」に自らどのように積極的にかかわるかを、いつでも空想・妄想し、構想することが、新たな参加であり学びの形態となる。「将来の2次利用シミュレーション」の可能性は、VR／ARやメタバース技術とともに、これからさらに発展していくであろう。その建築が地域の素材をリサイクルして作ったものであれば、地域との文化的結びつきはさらに強いものになる。

このように、大きく三方のステイクホルダーとともに生まれる新たな「価値」を備えた建築の新しい姿——それを私は、「しげんバンクとしての建築」と呼びたいと考えている。バンクとは、著者らも第6章で言及している貯蔵庫であり銀行である。つまり、物質であり、経済でもあるという意味が込められる。こうした視点を一度持つことによって、身の回りにある人工物がすべて「地球からの一時的な預かり物」である、という本書の世界観が深く染み込んでくるはずだ。そしてその具体的な姿は、2025年大阪・関西万博において、オランダパビリオンとしてわれわれの目の前に現れることになった。それを体験することは、私たちにとっても大きな契機となる。

「異質なものを再び結びつける」循環の再創造に向けて

冒頭に、古い循環概念では「循環するもの」は、異質で非対称な空間の間を移動しており、しかもそれぞれの空間を区別しながら結びつけているというイメージをともなっていたことに触れた。これからサーキュラーエコノミーを推進していくなかで、特に困難に直面したときには、この概念を何度でも思い出し、立ち返るべきであろう。「循環」はそれを通じて、新たな「結びつき」を再発明していく手段でもある。時に空間を超えて異質なものを結びつけ（オランダと日本、というように）、時に時間を超えて異質なものを結びつけ（過去と現在、現世代と将来世代、というように）、そして最大の人類学的課題である「環境」と「経済」の相克を乗り越えて結びつけていく大きな挑戦をともなっている。

本書から吸収した新しい世界観をもとに、「循環概念」の本質を改めてとらえ直し、そしてこれから未来の「循環」の創造へ歩みを進めていきたい。筆者も現在、「循環創造学」という新たな学問体系を構想している最中である［3］。本書は間違いなくその最重要の教科書となり、さまざまな場面でバイブル的に活用されるものにもなるだろう。

註

［1］――「中銀カプセルタワービル A606プロジェクト／カプセル 1972」は、次のウェブサイトを参照のこと。http://capsule1972.com/

［2］――筆者は現在、慶應義塾大学「COI-NEXT」（地域共創分野）として、産学官民からなるコンソーシアムを組織し、日本型の「サーキュラーシティ（循環型都市）」を実現するプロジェクトをリーダーとして率いている。そのなかで、マダスターを日本の建築に適用するプロジェクトをオランダと連携しながら実施している。われわれのパイロットプロジェクトの動画は下のQRコードから参照できる。また、プロジェクトに興味を抱いた方は下記URLよりコンタクトできる。https://coinext.sfc.keio.ac.jp/

［3］――「循環創造学」のスタートとなる論集は下記よりオープンアクセス可能である。https://gakkai.sfc.keio.ac.jp/journal/jp/240321j.html

謝辞

トーマス・ラウ
サビーン・オーバーフーバー

私たちの経済システムを根本から変革するアイデアが、社会でますます認知されるようになり、この課題に取り組む政府、公的機関、民間のイニシアチブの数が増えていることは、大変心強いことです。しかし、この大きな運動には、何十年ものあいだ、このような変革を提唱してきた先駆者がいます。今回、執筆を通じて、その多くの方々に直接お会いする機会に恵まれたことを大変光栄に思います。そして、これらの方々の活動に対する感謝と称賛の念でいっぱいです。本書は、人類が直面する課題に対して、唯一かつ包括的な答えを提供すると主張するものではありません。むしろ、この重要な課題に、この分野における長年の経験を通して得た私たち独自の洞察を提供しようとする試みです。

本書は、2010年のTurntooの設立によってさらに勢いづいた長い道のりの結晶です。この刺激的な道のりの過程で、私たち筆者は多くの人々に支えられました。その方々に深い感謝の意を表したいと思います。

なによりもまず、私たちの子どもたちに感謝したいと思います。私たちが本書と使命に取り組んでいるあいだ、彼らは、多かれ少なかれ忍耐強く待っていてくれました。そして、私たちの仕事に絶えずひらめきとやる気を与えてくれます。

長年の仕事仲間であった元同僚のデビー・アップルトン氏とエリック・デ・ルイター氏に特に感謝します。献身的で鋭い頭脳を持つ彼らは、チームと私たちの共同作業にかけがえのない貢献をしてくれました。彼らは、同僚たちとともに、本書の基礎となるアイデアやモデル、具体例を開発してくれました。マライン・エマニュエル氏は、30年以上にわたって起業家としての私たちを導いてくれました。彼の冷静で落ち着いた物腰は、慌ただしいときには欠かすことのできない支柱でした。パブロ・ファン・デン・ボッシュ氏とマルタイン・オーステンライク氏は、ここ数年、私たちをプロとしてさまざまなかたちでサポートしてくれました。マダスター（Madaster）の共同設立者兼取締役として、私たちの仲間になってくれたことに心より感謝しています。私たちの協力関係、特に彼らの起業家精神に感謝しています。カーラ・ランバイ氏の組織的手腕と、チームと本書をサポートするエネルギーに感謝します。

『マテリアル循環革命』（『マテリアル・マターズ（Material Matters）』日本語版）の序文を書き、大阪・関西万博のパビリオンの件で多大なるご協力をいただいたマーク・カウパース在大阪オランダ王国総領事に深く感謝いたします。また、本書の出版のためにコンタクトすべき人を的確にアドバイスしていただいた駐日オランダ王国大使館のスタッフのみなさま、特に小松原和世、ピーター・テルプストラ、バス・ヴァルクスの各氏にも心から感謝します。

監訳者の野田由美子氏には、経団連の副会長というお忙しい立場にもかかわらず、本書の日本語版実現に向けて多大なるご支援を賜り、感謝の念に堪えません。熱意あふれるお力添えは、私たちにとって大きな励みとなり、活力を与えてくださいました。私たちの意図を丁寧に汲み取り、訳文を吟味してくださっただけでなく、貴重なアイデアやアドバイス、さらには人脈のご提供まで、多岐にわたるサポートをいただきましたことに、深く御礼申し上げます。また、野田氏のアシスタントである竹本健一氏にも、細やかで的確なご支援をいただきましたこと、心より感謝しております。田中浩也教授には、循環型社会が日本文化に非常に適合しており、何世紀にもわたり日本文化のなかで陰ながらある地位を占めてきたことをわかりやすく教えていただきました。田中教授は、慶應義塾大学KGRI環デザイン&デジタルマニュファクチャリング創造センター長であり、日本におけるマダスターの発展にとって重要なパートナーにもなっていただいており、非常に有難く思っています。

エレン・マッカーサー氏には、本書のために美しい序文を書いていただき、心から感謝します。

また、持続可能性と循環型経済の権威であるウォルター・スタヘル氏、ジョン・エルキントン氏、ケン・ウェブスター氏にも本書を読んでいただき、貴重なご意見をいただいたことに、深く感謝します。

本書を実現するうえで、ロース・ファン・ヘネケラー氏の貢献は極めて重要なものでした。彼女は、本書のコンセプトやアイデアを、親しみやすく読みやすい文章に変換するのを手伝ってくれました。各章に何度も推敲を重ねましたが、彼女は決して熱意を失いませんでした。さらに、オランダでまず出版された本書を国際版へと展開する際にも、サポートしていただきました。

また、オランダの出版社のBertram + de Leeuwの励ましと粘り強さ、そしてSpeakers Academyのレネ・ワーマーダム氏の熱意とイニシアチブは、本書の出版にこぎつける原動力となりました。VPRO Tegenlicht（テレビ番組）で私たちの考え方を紹介する機会を与えてくれたフランク・ウィーリング氏とウィリアム・デ・ブライン氏に感謝します。この番組放送が本書の基盤となりました。

本書の和訳をしていただいた大石真理氏とマリア・ファン・デン・ブルック氏は、細部まで気を配り、献身的にご尽力いただきました。本書の語り口調を、オランダ語とは全く異なる言語に見事に書き換えていく作業を垣間見、大変興味深い経験になりました。

また、循環型経済に関する本を出版するにあたり、日本で初めて興味を示した勇敢な出版社の一つである彰国社にも感謝します。その際、特に本書の制作を取り仕切っていただいた編集者の神中智子さんと豊永郁代さんには大変お世話になりました。

また、日本語版の出版社を探すのに全知識を動員してくれた日本ユニ・エージェンシー（JUA）の吉岡泉美氏、そして日本語版のための数々の詳細事項を微調整するために出版社とのやり取りをサポートしてくれた同事務所の和田杏奈氏にも心より感謝します。

ドイツ語版出版社Econのユルゲン・ディースル氏には、本書に対する熱意とプロジェクト推進の活力に特別の感謝を捧げます。ドイツ語版の編集者であるクラウディア・コーネルセン氏は素晴らしい編集者であり、彼女の明晰で鋭い頭脳と情報に裏打ちされた質問と提案によって、本書を高次レベルに引き上げることができました。

『マテリアル循環革命』の美しい表紙をデザインしてくれた中野デザイン事務所の中野豪雄さんと李敏楽さんに感謝します。

また、本書の国際版のベースとなるデザインをしていただいたScholz & Friendsのチームにも感謝します。また、Turntooの名称とロゴを開発していただいたOneDesignのハンス・リートフェルト氏にも特に感謝したいと思います。

長年にわたって、ともにTurntooのアイデアを前進させてきた方々にも感謝します。特に、パートナーのレイチェル・ルイス氏とリチャード・グレイル氏は、その決断力とプロの手腕によって、Turntooを循環型経済分野におけるビジネスパートナーとして確立させてくれました。

もちろん、私たちのアイデアを建築に反映させているRAUアーキテクツのマルタ・ロイ・トレチヤ、エルゼ・デッカー、トーマス・ディル、デニス・グローテンブール、トビアス・クムカー、グース・モスタート、エリック・ムルダー、パウル・ムルダー、エステバン・セラーノ・カステロ、ミシェル・トンバル、ヤスパー・ヴァン・デン・ブルックの各氏にも同じく感謝します。

また、オランダパビリオンを一緒に実現できたAND B・V・コンソーシアムのメンバーである大阪の総合建設会社「淺沼組」、エンジニアリング・コンサルタント会社「DGMR」、体験型デザインスタジオ「Tellart」およびオランダのRAUアーキテクツにも特に感謝しています。その際、特に、ポール・ファン・ベルゲン（DGMR）、リース・ストラバー（Tellart）の各氏、そして淺沼組の全チームメンバーとの素晴らしい協力関係を強調したいと思います。

マーテン・モレナール氏は、AND B・V・チームを日本での道案内で助けてくださったかけがえのない存在であり、非常に有難く思います。

また、パビリオンの実現に貢献してくれた阪急コンストラクション・マネジメントのサメル・ジディア氏と坂下昌平氏、EL3の中川裕希氏と前田信彦氏にも感謝申し上げます。

以下は、才能とプロの仕事ぶりで私たちを支えてくれた方々です。サスキア・バーン、コース・ファン・デン・ベルグ、ウォルター・リンク、マタイス・スハウテン、サンダー・デ・ウォルフの各氏。

特に、アイデアがまったく新しく、「循環型経済」という言葉もまだ知られていなかった初期の段階では、次の多くの人々が私たちを助けてくれました。ペーター・ブロム、リック・ボーマー、セレーナ・ボルゲーロ、マイケル・ブラウンガート、シャローナ・セハ、ジョン・エルキントン、ワウター・ファン・ディーレン、ステフ・クラーネンダイク、ウィレム・ラーヘウェッヒ、エレン・マッカーサー、エレン・マッカーサー財団、マリヤン・ミネスマ、ロバート・メッケ、パブロ・スモルダーズ、ヘルマン・ワイフェルス、カタレーナ・グラヴィン・フォン・ベルンストルフの各氏。

私たちのアイデアを発展させるのに決定的な要素は、当時も今もそれを具体的なプロジェクトに応用することです。それは、他者との協力によってのみ実現できるものでした。次に挙げる方々のおかげで、循環型経済がまだ目新しかった時代に、最初のプロジェクトを一緒に立ち上げることができたことに感謝しています。デビー・バイツマ、バート・ブロックランド、ヘンク・ボル、ヘンク・デ・ブラウン、メロウキ・カダット、オンノ・ドワルス、エリック・ホイティンク、フランス・ファン・ハウテン、ロブ・クラハット、マルクス・ラウブシャー、サビーン・ファン・デル・レイ、ジョン・ネーデルスティヒト、セシル・ファン・オッペン、フランク・スナイダルス、アルトゥール・トマエス、エリック・トゥンハーケ、アレックス・タウンストラ、マルク・ウンガー、ヴィム・オプ・ヘット・フェルト、ディルク・ファン・デル・フェン、フランク・ファン・デル・フルッド、ヘレイン・ファン・デル・フルッド、マグダレーナ・フルカー、ドリエン・ファン・デル・ウェーレの各氏。

アイデアが年々発展するにともない、活動も発展しました。その点で、2017年にマダスターを一緒に設立したパブロ・ファン・デン・ボッシュとマルタイン・オーステンライク、マライン・エマニュエル、ユルン・フェルミューレン、ロナルド・エレフェルドの各氏に感謝します。オランダ内外でマダスターを展開しているチームのみなさまにも感謝します。そして、マダスター財団の理事としてこのイニシアチブに参加してくれたマルツィア・トラヴェルソ、ケン・ウェブスター、ヨリス・ヒレブラントの各氏に特別な感謝を捧げたいと思います。

国際的に拡大しつつあるネットワークで各国のマダスターの発展に実質的、財政的な支援を提供している次に挙げる企業に感謝します。このネットワークは国際的にますます拡大しています。

ABN AMRO, Accumulatata Real Estate, Akd, Alliander, Allianz Real Estate, Arcade, Architecten cie, Art Invest, Arup, Assar architecten, Aspelin Ramm Eiendom, Assiduus Development, ATP architekten ingenieure, Ballast Nedam, Baukom Group, Becken Holding, Beddeleem, Berlin Hyp, BDO, BDG Business Development, Ninst Architecten, Bouwend Nederland, Bureau Boot, Cad & company, caspar.architecten, Stad Antwerpen, Commerz Real AG, Conix RDMB, Cordeel, Cores Developments, COWI, Deerns, Drees & Sommer, Dutch Green Building Council, Dura Vermeer, Eberhard Bau, Earth and Eternity, ENA Experts, Entra, Epea, Heijmans, Henning Larsen Architects, Ghelamco, Grohe, GSJ Advocaten, Holcim, Imd Raadgevende Ingenieurs, Immobel, Ing Real Estate Finance, Interalu, Interboden, Jan de Nul Group, Kaldewei, KPMG, Konder Wessels, Kubus, Lidner Group, List Bau, Losinger Marazzi, Mitsubishi

Elevator Europe, Mortelmans van Tricht, Nemetschek, Nextensa, Nij Smellinghe, OVG Real Estate / EDGE Technology, ProRail, PwC, Rabobank, Rambøll, Ratio Arkitekter, Stichting Redevco, Ripkens Wiesenkämper, Schiphol Group, Schiphol Asset Management, Schüco International AG, Smedwig Eiendom, Swiss Railways SBB, Swiss Prime Site, Swiss Re, Statsbygg, Sotrebrand Eiendom, Sweco, Tbi, Triocare, Triodos Bank, Value One, Veni, VolkerWessels, Vonovia / BUWOG, Vorm bouw, WhiteWood, Yugening.

　日本におけるマダスターのパートナーである大成建設と慶應義塾大学には特に感謝しています。また、マダスターと本書をサポートしてくださった三井デザインテックの米澤圭太氏にも感謝申し上げます。

　ヤン・ペーター・バルケネンデ教授（元オランダ首相）と彼のMaatschappelijke Alliantie（社会同盟）チームに感謝します。グース・クラマー、ロッテ・ホルヴァスト、マリー＝クレア・トローストの各氏には、「世界素材権宣言」の推進を支援していただきました。カーネギー財団には、２０１８年９月に開催されたカーネギー平和構築対話において、ハーグの平和宮で高官レベルの代表者たちと初めて国際会議で「世界素材権宣言」について議論する機会をいただいたことに感謝します。また、２０１８年12月10日に国連代表団に「世界素材権宣言」を紹介するのを手伝ってくれた、当時の在ニューヨーク・オランダ王国国連代表部のサンドラ・ペレグロム氏にも感謝します。

ＤＯＥＮ財団および特にジェフリー・プリンス氏とスティーブ・エルバース氏に感謝します。この方々は、スタートアップ段階での資金援助により、Turntooを実現可能にしてくれました。

先生やメンターの方々がいなければ、この道に踏み出すことはできなかったことでしょう。よって、ピーター・フェルガー、オットー・パウル・ヘッセル、（故）パウルゲルト・ジェスベルグ、マティアス・クルップス、ジョセフ・ウィースの各氏に感謝の意を表したいと思います。加えて、本書の構想に取り組む場を与えてくれた身近な人々、シベル、ウィリー、マルティン、タンヤ、アイノにも感謝します。

最後に、私たちの人生の礎を築き、自分の心が信じる道を歩むことを教えてくれた両親、マグダレーナ、（故）ウルリッヒ、ステファニー、そしてウィルヘルムに深く感謝します。

p.160
『Sylvicultura oeconomica』ハンス・カール・フォン・カルロヴィッツ／ Thomas Weidner
p.164, 188
Tij 鳥類観察所（設計：RAUアーキテクツ）／ Katja Effting
p.176, 177
アリアンダーグループのリアンダー本社（設計：RAUアーキテクツ）／ Marcel van der Burg
p.181
リアンダー本社（設計：RAUアーキテクツ）の屋根工事／ RAU Architects
p.184, 185
トリオドス銀行本社（設計：RAUアーキテクツ）／ Alexander van Berge
p.196, 197
マダスター（Madaster）オンラインプラットフォーム／ Madaster
p.200
マダスター（ロゴ）デザイン：ハンス・リートフェルト
p.202
国連本部／ Cia Pak
p.206
「世界人権宣言」のポスターを持つE. ルーズベルト夫人／ United Nations
p.213
コンゴのコバルト鉱山／ Fairphone
p.216
機械の歯車／ iStock
p.220
丸太のパターン／ rawpixel ID 6165784
p.236, 237
マテリアル・アズ・ア・サービス、TURNTOOモデル／ Turntoo
p.246
アポロ8号からの地球の眺め「地球の出」／ William Anders、NASA
p.251
『Revolutionibus orbium coelestium（天体の回転について）』コペルニクス
p.264, 265
「The Artist Is Present」マリーナ・アブラモヴィッチ、MoMA、NY、2010 ／ Scott Rudd ／
©VG BILD-KUNST, Bonn & JASPER, Tokyo, 2025
C4940
p.268, 277, 280
EXPO 2025 大阪・関西万博 オランダパビリオン（CG）（設計：RAUアーキテクツ、レンダリング：Plomp）
p.272, 273
EXPO 2025 大阪・関西万博 オランダパビリオン（設計：RAUアーキテクツ）／ ToLoLo studio
p.296
図書館の貸し出しカード／ Turntoo

図版出典

p.12
アポロ8号からの地球の眺め「地球の出」／ William Anders、NASA
p.16
バベルの塔／アベル・グリマー（1570-1620）
p.24
100周年記念電球／ Richard Jones
p.33
電子廃棄物／ PN-Photo、iStock
p.49
廃棄物を生むビジネスモデル／ Turntoo
p.54
中国・貴嶼（グイユ）の解体された電子ごみの山／提供：朝日新聞社
p.64,65
川の形をしたごみの山、レバノン・ベイルート／ Ghazal Amar、Alamy Photo
p.76
STS-116 シャトルミッション／ NASA
p.80
アポロ13号／ NASA
p.84
心の秘密／ Andrew Rich、iStock
p.89
腕時計の内部歯車／ Hernan Caputo
p.96
夜のケルンの移動遊園地／ Ben Pawils
p.100
ジェセル王のピラミッド／ Jakish、iStock
p.109
ジェットコースターの一部／ iStock
p.124
ジーンズ／ MUD Jeans
p.129
ランプ／ Hans Lebbe
p.142
ボッシュ社の冷蔵庫と男性／ Turntoo
p.147
オランダ・アムステルダム、スキポール空港のラウンジ／ Turntoo
p.156
指紋／ Colorbox

www.epa.gov/history/
[3] NASA Administrator. “Earthrise.” 25 June 2013. NASA Administrator. “Apollo 8: Christmas at the Moon.” 19 December 2014. https://www.nasa.gov/topics/history/features/apollo_8.html
[4] Christian Feldman. *Die letzten Rätsel der Bibel*. Gütersloh, 2014.
[5] デカルト（Descartes）『方法序説（Discours de la methóde）』1637年。
[6] ライナー・マリア・リルケ（Rainer Maria Rilke）『若き詩人への手紙（Briefe an einen jungen Dichter）』1929年。

[4]　Fricsa, S., Huggins, C., Unruh, J. *Land and Coflict*. United Nations Interagency Framework Team for Preventive Action, New York, 2012.

[5]　United Nations. “Take Action for the Sustainable Development Goals.” https://www.un.org/sustainabledevelopment/sustainable-development-goals/

[6]　世界素材権宣言が初めて一般に公開されたのは、2018年9月、オランダ・ハーグの平和宮で開催されたカーネギー平和構築対話(Carnegie Peacebuilding Conversations)の場である。オランダの元外務大臣でカーネギー財団の会長であるベルナルト・ボット氏に、世界素材権宣言の最初の印刷版が手渡された。0.0 Foundation. The Carnegie Peacebuilding Conversations, Peace Palace The Hague 2018, Issuu, pages 24f. https://issuu.com/nulpuntnul/docs/publicatie_carnegie_peacebuilding_conversations_-_/

第9章　マテリアル・アズ・ア・サービス　素材の所有を再考する

[1]　Achterhuis, H. *De utopie van de vrije markt*. Rotterdam: Lemniscaat, 2010.

[2]　Hardin, G. “The Tragedy of the Commons.” *Science*. vol. 162, 1968, pp.1243-1248.

[3]　Ostrom, E. *Governing the Commons: The Evolution of Institutions for Collective Action (Canto Classics)*. Cambridge: Cambridge University Press, 2015. https://doi.org/10.1017/CBO9781316423936

[4]　Alaska Permanent: Fund Corporation. https://apfc.org/

第10章　コペルニクス革命を完結する

本章は、自然哲学者で教授のマタイス・スハウテンに感銘を受けた部分もあります。彼は、2005年にアムステルダムの新教会で開催されたワールド・ネイチャー・アート展のオープニング講演や個人的な会話のなかで、私たちにこのテーマをより深く掘り下げるよう勧めてくれました。

[1]　“Earthrise: how the iconic image changed the world.” *The Guardian*, 15 October 2019.

[2]　“EPA History” EPA, United States Environmental Protection Agency. https://

pdf/UNEP%20Info%20sheet%20-%20EE%20Buildings.pdf
[10] RAU. "TIJ: vogelkijkplek in het Haringvliet." https://www.rau.eu/portfolio/het-nest/
[11] Egerton-Read, Seb. "A Vision for Circular Architecture: Circulate. Circulate." web. N.p., 31 March 2016.

第7章　マダスター

[1] Cleppe, P. "The Case of the Greek Land Registry." Open Europe, 2015.
[2] Ruuska, A., Häkkinen, T. "Material Efficiency of Building Construction." *VTT Technical Research Centre of Finland*, 2016.
[3] Romers, Gerard., Duijvestein, Pepijn. et al. *Circulaire Business Cases in de MRA*. Bouw en Sloopafval, 2020.
[4] Eurostat. *EU Circular Material Use Rate*. 12 March 2020. https://ec.europa.eu/eurostat/web/products-eurostat-news/-/ddn-20200312-1
[5] Mattauch, Christine. "Eine Datenbank, die das Bauen revolutionieren könnte." *Süddeutsche Zeitung*. 2021.
[6] Madaster: https://www.madaster.com/en　Madaster Foundation: https://madasterfoundation.com/

第8章　世界素材権宣言

[1] "Universal Declaration of Human Rights | United Nations." UN. 1948. "History of the United Nations | United Nations." UN.
[2] "Zonder land geen identiteit noch recht? Staatloosheid in Nederland." NJCM-seminar, with UvA and Spui25, 11 June 2014.
[3] Cho, Renée. "Our Oceans: A Plastic Soup." *State of the Planet Our Oceans*. A Plastic Soup Comments. Earth Institue Columbia University, 26 January 2011. Eriksen M, Lebreton LCM, Carson HS, Thiel M, Moore CJ, Borerro JC, et al. "Plastic Pollution in the World's Oceans: More than 5 Trillion Plastic Pieces Weighing over 250,000 Tons Afloat at Sea." *PLoS ONE*. 9 (12), 2014. https://doi.org/doi:10.1371/journal.pone.0111913

第5章　ゲームのルールを変える

[1]　Kramer, Mark R., Thijs Geradts, and Bhanuteja Nadella. "Philips Lighting: Light-as-a-Service." Harvard Business School Case 719-446. March 2019 (Revised May 2019). https://www.hbs.edu/faculty/Pages/item.aspx?num=55346 "Philips & RAU Architects introduce Light as a Service." http://www.assets.signify.com/is/content/PhilipsConsumer/PDFDownloads/Global/sustainability-downloads/ODLI20160912_001-UPD-en_AA-7-case-study-circular-economy-lighting-RAU.pdf

[2]　Schaller, B. "The New Automobility: Lyft, Uber and the Future of American Cities." 2018.

[3]　Jim Rallo, President of Liquidity Services' Retail Supply Chain Group. *The Rise of Refurbished Products*. March 2016.

第6章　マテリアル・パスポート

[1]　Hans Carl Von Carlowitz, *Lexikon der Nachhaltigkeit*. 1713. Harald Thomasius and Bernd Bendix. *Sylvicultura oeconomica: Transkription in das Deutsch der Gegenwart*. Remagen-Oberwinter, 2013.

[2]　Urban-Mining Verein. "Urban Mining. Von der Kreislaufwirtschaft zur Rohstoffindustrie." 2016. Raffaello Cossu and Ian D. Williams. Urban Mining: Concepts, Terminology, Challenges. *Waste Management*, 45: 1-3, 2015.

[3]　The Conversation. "With the right tools we can mine cities." 3 December 2017.

[4]　Ed Prior. "How Much Gold Is There in the World?" *BBC News*. 2016.

[5]　前掲[4]。

[6]　Jaiswal A., Samuel C., Patel B. S., Kumar M. "Go Green with WEEE: Eco-friendly Approach for Handling E- waste." *Procedia Computer Science*, 46, December 2015.

[7]　*Afvalverwerking in Nederland, gegevens* 2022, Rijkswaterstaat, Ministerie van Infrastrucrtuur en Waterstaat, 2024. https://www.afvalcirculair.nl/publicaties/

[8]　RAU. "Gemeentehuis Brummen." https://www.rau.eu/portfolio/gemeentehuis-brummen/

[9]　UNEP, Paris. "Energy Efficiency for Buildings." http://www.studiocollantin.eu/

第４章　永続的な一時性

[1] Casson, L. *Das alte Ägypten*. Amsterdam, Time-Life International, 1966.「エジプトのピラミッド入門」国立古代美術館（Rijksmuseum Van Oudheden）ウェブサイト。

[2] The Global E-waste Monitor 2020, https://ewastemonitor.info/

[3] The Global E-waste Monitor 2022, https://ewastemonitor.info/

[4] Ellen MacArthur Foundation. "Growth within: A circular economy vision for a competitive Europe." 2015.

[5] Frans Bromet. "Mobiel bellen in 1998." *YouTube*. 15 April 2016.

[6] Consultancy.nl. "Nederland is koning smartphone, Samsung groter dan Apple." 23 March 2021.

[7] Nepley. "Kitchens of the Future." *YouTube*, 2008.

[8] "Seven Generation Sustainability." *Wikipedia*, Wikimedia Foundation.

[9] W. R. Stahel, *The Performance Economy*. Palgrave Macmillan London, 2010.

[10] Reday-Mulvey, G., Stahel, W. R., & Commission of the European Communities. *The potential for substituting manpower for energy: Final report*. 1977.

[11] "Earth Overshoot Day." Footprint Network. https://www.footprintnetwork.org/our-work/earth-overshoot-day/

[12] Damian Carrington. "The Anthropocene Epoch: Scientists Declare Dawn of Human-influenced Age." *The Guardian*. 29 August 2016.

[13] World Commission on Environment and Development. *Our common future*. Oxford University Press, 1987.

[14] McDonough, W., and Braungart. M. *Cradle to cradle: Remaking the way we make things*. London: Vintage, 2009.

[15] "What is Biomimicry?" Biomimicry Institute. https://biomimicry.org/inspiration/what-is-biomimicry/

[16] Wuppertal Institut für Klima, Umwelt, Energie: https://wupperinst.org/

[17] Elkington, John. "25 Years ago I Coined the Phrase 'Triple Bottom Line.' Here's Why It's Time to Rethink It." *Harvard Business Review*. 25 June 2018.

[18] Ellen MacArthur Foundation. *Towards the Circular Economy*. Report Volume 1. London: Ellen MacArthur Foundation, 2012.

Of." *The Guardian*. 27 February 2017.
[16] Eurostat. *Waste Statistics Statistics Explained*. September 2022. https://ec.europa.eu/eurostat/statistics-explained/index.php?title=Waste_statistics
[17] MDR. "Exact. Warum alte Küchengeräte aus dem Osten heute noch funktionieren." *T-Online, Lifestyle: Besser Leben*. 28 February 2013.

第3章　宇宙船地球号という閉鎖型システム

[1] ジム・ラヴェル(Jim Lovell)・ジェフリー・クルーガー(Jeffrey Kluger)『アポロ13(Lost Moon: The Perilous Voyage of Apollo 13)』Houghton Mifflin (Boston)、1994年。
[2] 映画『トゥルーマン・ショー (The Truman Show)』ピーター・ウィアー (Peter Weir) 監督、1998年。
[3] 前掲第2章[8]
[4] スウェーデンの科学者スヴァンテ・アレニウスは1896年に初めて、人間の活動にもとづく二酸化炭素排出が地球の大気温暖化を起こすという仮説を立てた。Naomi Oreskes and Erik M. Conway. *Merchants of Doubt. How a Handful of Scientists Obscured the Truth on Issues from Tobacco Smoke to Global Warming*. New York, Bloomsbury Press. 2010, p. 170.
[5] IPCC. *Intergovernmental Panel on Climate Change*. https://www.ipcc.ch/
[6] マチウ・リカール、チン・スアン・トゥアン(Matthieu Ricard and Trinh Xuan Thuan)『掌の中の無限――チベット仏教と現代科学が出会う時(The Quantum and the Lotus: A Journey to the Frontiers Where Science and Buddhism Meet)』Three Rivers Press、2000年。
[7] Douglas Hofstadter. *Ik ben een vreemde kronkel*. Uitgeverij Contact, 2008.
[8] Edward Lorenz. "Does the Flap of a Butterfly's Wings in Brazil Set Off a Tornado in Texas?" American Association for the Advancement of Science, 1972.
[9] アダム・スミス(Smith, A)『国富論(The Wealth of Nations)』1776年。
[10] A. H. Maslow. "A Theory of Human Motivation." *Psychological Review*, Vol. 50 (4), July 1943.
[11] Neil Gaiman and Terry Pratchett. *Good Omens*. Victor Gollancz, 1990.
[12] Marshall, G. "Understand Faulty Thinking to Tackle Climate Change." *New Scientist*, 2014.

[30] Repaircafé: https://repaircafe.org/en/visit/
[31] iFixit: https://www.ifixit.com/Right-to-Repair/Intro
[32] BBC News. “Apple and Samsung fined by Italian authorities over slow phones.” 24 October 2018.

第2章 直線型経済

[1] J.M. Darley, B. Latane. “Bystander Intervention in Emergencies: Diffusion of Responsibility.”*Journal of Personality and Social Psychology*. 1968.
[2] 前掲[1]。
[3] Willem Schinkel. *De nieuwe democratie*. Amsterdam, 2012.
[4] Rob Wijnberg. “De post-postmoderne mens: op de hoogte van alles, verplicht tot niets.” *De Correspondent*. 25 December 2014.
[5] Philpott, T. “Are Your Delicious, Healthy Almonds Killing Bees?” *Mother Jones*. 29 April 2014.
[6] Ecolabel Index: https://www.ecolabelindex.com/
[7] Atkinson, L. “Wild West of Eco-Labels: Sustainability Claims are Confusing Consumers.” *The Guardian*. 2014.
[8] ドネラ・H.メドウズ(Meadows, D.H.)他『成長の限界——ローマ・クラブ「人類の危機」レポート(The Limits to growth; a report for the Club of Rome's project on the predicament of mankind)』Universe Books (New York)、1972年。
[9] The Global E-waste Monitor 2020/2022. https://ewastemonitor.info/
[10] TEEB (www.teebweb.org)は生物多様性の経済的価値を設定する国連のイニシアチブである。
[11] FAO. *The future of food and agriculture: Trends and challenges*. Rome, 2017.
[12] PriceWaterhouseCooper. *Minerals and Metals Scarcity in Manufacturing: The Ticking Time Bomb*. 2011.
[13] Eurostat. *Waste Statisitics, Statistics Explained*. September 2016.
[14] Henckens, M. L. C. M., van Ierland, E. C., Driessen, P. P. J., and Worrell, E. “Mineral resources: Geological scarcity, market price trends, and future generations.” *Resources Policy*. Vol.49, 2016, pp. 102-111. https://doi.org/10.1016/j.resourpol.2016.04.012
[15] Beiser, V. “Sand Mining: the Global Environmental Crisis You've Never Heard

[13] Roser, M. "Working Hours." 2019, Our World in Data.org. https://ourworldindata.org/working-hours

[14] Ip, G. "The Economy's Hidden Problem: We're Out of Big Ideas." *The Wall Street Journal*. 2016. https://www.wsj.com/articles/the-economys-hidden-problem-were-out-of-big-ideas-1481042066

[15] Sloan, A. P. *My years with General Motors*. Garden City, New York: Doubleday, 1964.

[16] UBA and Öko-Institute. *Obsolesence fact check*. 2015.

[17] Simon Kucher & partners. *Relevance and future users of Apple TV+*. 2019.

[18] Gartner. "Market Share: PCs, Ultramobiles and Mobile Phones, All Countries, 4Q17." 2017.

[19] Gartner Press release. "Gartner Says Worldwide Smartphone Sales to Grow 11%." 2021.

[20] U.S. Geological Survey. "Recycled Cell Phones – A Treasure Trove of Valuable Metals." *Fact Sheet 2006-3097*. U.S. Department of the Interior, 2006.

[21] Paul Mazur. *Harvard Business Review*. Boston, 1927.

[22] Remy, N., Speelman, E., and Swartz, S. "Style that's sustainable: A new fast-fashion formula." *McKinsey*. 2016.

[23] Ellen MacArthur Foundation. "A new textiles economy." 2017.

[24] House of Commons Environmental Audit Committee. "Fixing Fashion: clothing consumption and sustainability." 2019.

[25] Arthur Debruyne. "Gemaakt om stuk te gaan." *MO Mondiaal Nieuws*. 1 November 2013.

[26] オランダのDirectResearchとプロバイダーBenの調査にもとづく。"Oude smartphones massaal ongebruikt in de la." *De Telegraaf*. 28 May 2015.

[27] 横浜金属の研究にもとづく。Miho Yoshikawa. "Urban miners look for precious metals in cell phones." *Reuters*, 27 April 2008. Kunihiko Takahashi, Atsushi Sasaki and Hisayoshi Umeda. "The Recycling of Precious Metals at Yokohama Metal Co., Ltd.-Development of a new technology for recycling of precious metals from waste materials." *Journal of MMIJ*. 2007.

[28] ドイツ連邦議会「同盟90／緑の党(Bündnis 90/Die Grünen)」依頼の調査報告書にもとづく。Stefan Schridde and Christian Kreiss. "Geplante Obsoleszenz." Berlin, 2014.

[29] Brandalism: http://brandalism.ch

第1章　問題が仕組まれた製品

[1] 「Centennial Lightbulb」ウェブサイトにてバルブ撮影の白熱電球をライブで見られます(https://www.centennialbulb.org/)。

[2] ドキュメンタリー映画『電球をめぐる陰謀(The Light Bulb Conspiracy)』コジマ・ダノルツァー(Cosima Dannoritzer)監督、2010年。Markus Krajewski. “The Great Lightbulb Conspiracy.” *IEEE Spectrum*. 24 September 2014.

[3] Markus Krajewski. “Vom Krieg des Lichts zur Geschichte von Glühlampenkartellen.” *Das Glühbirnenbuch*. Vienna, 2001.

[4] 前掲[2]。

[5] トマス・ピンチョン(Pynchon, T)『重力の虹(Gravity's Rainbow)』Viking Press (New York)、1973年。

[6] London, B. *Ending the Depression through Planned Obsolescence*, 1932.

[7] Glenn A. *Industrial strength design: How Brooks Stevens shaped your world*. Cambridge, Mass., MIT Press, 2005.

[8] *Appliance Spare Parts Availability and the Law*. 2012, updated 2016. https://www.ukwhitegoods.co.uk/

[9] Brönneke, T. and Wechsler, A. *Obsoleszenz interdisziplinär*, Schriftenreihe des Instituts für Europäisches Wirtschafts-und Verbraucheerrecht e. V. 2015.

[10] Connexion. “‘Built-in obsolescence’ study targets women's tights.” 2018. https://www.connexionfrance.com/news/built-in-obsolescence-study-targets-womens-tights/507056

[11] Reuß, Jürgen and Dannoritzer, Cosima. *Kaufen für die Müllhalde, Das Prinzip der geplanten Obsoleszenz*. Orange Press (Freiburg), 2015, pages 60ff. Giles. *Made to Break: Technology and Obsolescence in America*. Harvard University Press, 2006. JSTOR: http://www.jstor.org/stable/j.ctvjhzqd7. Accessed 24 Feb. 2025.

[12] Eco@Work. *Obsolescence, Causes, Effects, Strategies*. Öko-Institut Duitsland, 2016. https://www.oeko.de/fileadmin/magazin/2016/02/ecoatwork_02_2016_en.pdf

活動紹介

Turntoo（ターントゥ）

2010年に設立された循環型経済を専門とする世界初のシンクタンク・コンサルティング会社。フィリップスとの「ライト・アズ・ア・サービス（サーキュラー・ライティング）」や、ボッシュとの「パフォーマンス型洗濯機」など、循環型経済を象徴する画期的なプロジェクトを展開する。製品やサプライチェーンの再設計、新たな循環型金融・ビジネスモデルや戦略、移行に必要なデータやITインフラ、さらには新しい考え方へとつながる精神的な変革など、多岐にわたって循環型経済への移行に取り組む。

RAUアーキテクツ

サーキュラー建築の分野で世界をリードする建築事務所。1992年の設立以来、画期的なイノベーションが注目される。2013年にオランダのブルメン市に素材貯蔵庫の機能を持つ初の循環型建築を、2015年にはガスおよび電力インフラ供給会社であるリアンダーのために初の循環型かつエネルギーポジティブなビルを設計した。2019年に竣工したトリオドス銀行本店は、初の完全再組立て可能な木造オフィスビルで、最も持続可能なビル、またオフィスビル・オブ・ザ・イヤーとして複数の賞を受賞している。

マダスター（Madaster）

2017年、トーマス・ラウとサビーン・オーバーフーバーは、建築環境における素材の中央登録簿（カダスター）であるマダスターを立ち上げた。マダスターは建築物の製品および素材データを、マテリアル・パスポートを通じて保存、補完・拡張、共有、管理することができるオープン・オンライン・プラットフォームである。現在10カ国で活動中。そのシステム変革の可能性が認められ、Google、マッキンゼー、ロケット・インターネットが設立した「デジタル・トップ50」のソーシャル・インパクト賞2018を受賞。2022年には、世界の循環型経済スタートアップ企業トップ20の一社に選出。2023・2024年、マダスターは名誉あるドイツ持続可能性賞を受賞した。

監訳者

野田由美子
Yumiko Noda

ヴェオリア・ジャパン合同会社代表取締役会長。日本長期信用銀行（本店、ニューヨーク支店、ロンドン支店）、PwCアドバイザリー合同会社PPPインフラ部門統括パートナー、横浜市副市長などを経て現職。日本経済団体連合会副会長・環境委員長、経済同友会地方共創委員長、経済産業省・環境省のサーキュラーパートナーズ（CPs）のガバニングボードなどの公職も務める。東京大学文学士、ハーバード大学経営学士。著書に『サーキュラーエコノミー』（日経文庫、2025年）などがある。

翻訳者

大石真理
Mari Oishi

1972年生まれ。欧米で西洋美術史を学ぶ。日系企業での勤務を経て、現在、オランダ在住。翻訳・通訳・日本語教育を通じて日蘭交流を行う。また、2025年大阪・関西万博へのオランダの参加をサポートする。

著者

トーマス・ラウ
Thomas Rau

建築家、起業家、イノベーターであり、サーキュラーエコノミー（循環型経済）に関するオピニオンリーダーとして高い評価を得ている。オランダで最も革新的な建築専門家といわれ、主宰する建築設計事務所RAUアーキテクツは、ヨーロッパ初のエネルギーポジティブ（建物が使用量以上のエネルギーを生成する）を達成したサーキュラー建築の取り組みで名高い。サステナブル建築の普及と実現に広く貢献し、世界各地での講演、テレビドキュメンタリー、TEDトーク、出版物を通じて、循環型経済への認識を広めたことが評価されている。2013年にはオランダ最優秀建築家に選出され、ARC13 Oeuvre Awardを受賞。2016年には世界経済フォーラムの循環型経済リーダーシップ賞にノミネートされた。2021年にオランダのインフラ・水管理省のサーキュラー・ヒーロー賞を受賞。2025年開催の大阪・関西万博におけるオランダパビリオン「A New Dawn 新たな幕開け」の設計を手がけた。

サビーン・オーバーフーバー
Sabine Oberhuber

循環型経済の分野における先駆的専門家である。2010年、トーマス・ラウとともに、世界初のサーキュラーエコノミーへの移行を促進する企業Turntooを共同設立。同チームとともに、循環型ビジネスモデルと経営戦略の開発・実践において、企業や公的機関を指導する。基調講演者として国内外のさまざまな主要大学で定期的に講義を行う。ドイツ・ミュンスターのヴェストファーレン・ヴィルヘルム大学で経済学を学び、パリ、オックスフォード、ベルリンのESCP（EAP）欧州経営大学院で経営学修士号を取得。

ブックデザイン：
中野デザイン事務所
中野豪雄
李敏楽

編集協力：
豊永郁代／オージャス

マテリアル循環革命
サーキュラーエコノミーが拓くビジネスと社会の未来

2025年4月10日　第1版　発　行

著　者　トーマス・ラウ＋サビーン・オーバーフーバー
監訳者　野田由美子
発行者　下出雅徳
発行所　株式会社　彰国社
162-0067　東京都新宿区富久町8-21
電　話　03-3359-3231(大代表)
振替口座　00160-2-173401

著作権者との協定により検印省略

自然科学書協会会員
工学書協会会員

Printed in Japan

印刷・製本：シナノパブリッシングプレス

ISBN 978-4-395-32218-3　C3052　https://www.shokokusha.co.jp